HISTOIRE

DE

CONDRIEU

ET

DES ENVIRONS,

DEPUIS L'AN 59 AVANT J.-C. JUSQU'A NOTRE ÉPOQUE.

SEPTIÈME LIVRAISON.

VIENNE,

IMPRIMERIE ET LITHOGRAPHIE DE TIMON FRÈRES. — 1851.

HISTOIRE
DE CONDRIEU.

HISTOIRE

DE

CONDRIEU

ET

DES ENVIRONS,

DEPUIS L'AN 59 AVANT J.-C. JUSQU'A NOTRE ÉPOQUE.

VIENNE,

IMPRIMERIE ET LITHOGRAPHIE DE TIMON FRÈRES. — 1850.

1850

HISTOIRE

DE

CONDRIEU.

CHAPITRE I.

CONDRIEU DEPUIS SON ORIGINE.

ARRIVÉE DES HELVÉTIENS. — FONDATION DU CHATEAU. — LES SOLDATS DE VITELLIUS.

On s'est souvent demandé pourquoi nos historiens ou nos romanciers, à si fertile imagination, n'avaient jamais eu la pensée d'écrire l'histoire de Condrieu. C'est, je le crois, parce que cette ville, si agréablement située, n'a besoin de personne pour faire son éloge. Elle semble même sourire à l'œil du Créateur, en remerciant les hommes qui ont eu l'heureuse pensée de l'asseoir si gracieusement au pied de ce coteau fertile en excellent vin, dont l'usage donne aux habitants le caractère vif, franc, jovial et spirituel dont ils sont doués.

Les notes que nous avons pu recueillir sur Condrieu datent de la même année que le consulat de César, juste 59 ans avant Jésus-Christ. C'est un Helvétien, nommé Orgétorix, capitaine de Pompée, qui avait excité ses compatriotes à la conquête de la Gaule Celtique, de celle qui, bornée au nord par la Seine et la Marne, et au midi par la Garonne, confinait aux établissements romains.

Soupçonné, presque immédiatement, de n'avoir conçu ce projet que pour s'en faire un moyen de s'élever au pouvoir suprême, il avait été arrêté par ses concitoyens, et s'était empoisonné. Mais le mouvement qu'il avait imprimé à tous les esprits continua de subsister, et, pour le rendre irrévocable, les Helvétiens, eux-mêmes, brûlèrent leurs villes et leurs villages, avec l'intention de venir se fixer sur les bords du Rhône. Ils étaient au nombre de trois cent soixante mille, dont quatre-vingt-douze mille combattants.

César, outré de leur audace, rassemble ses troupes et se met en mesure de défense.. Le combat fut horrible. Les deux armées avaient perdu, à peu de chose près, autant de soldats l'une que l'autre; mais les monts, dont s'étaient emparés les Helvétiens, leur donnaient une position avantageuse qui causa de l'inquiétude à César, et l'engagea, en dépit des succès auxquels il était accoutumé, à faire quelque amiable concession pour éviter, peut-être, l'entière destruction de son armée.

Il fut donc fait aux Helvétiens une concession de tout le territoire, depuis les Ambarres (le Charolais), où s'était passée l'action, jusqu'à la forêt de Lugdunum (du Lyon), et même à une journée de marche en dessous, suivant toujours la rive droite du Rhône, en cotoyant les montagnes, à cause du débordement de ce fleuve.

Nos conquérants prirent donc successivement possession des lieux qui leur étaient assignés par leurs chefs. Il ne restait à placer qu'une colonne de six cents hommes, qui eut l'ordre d'arrêter sa marche au coucher du soleil de la dernière journée.

C'est au pied d'une jolie vallée bien boisée, et coupée d'un ruisseau, qu'une abondante pluie rendait torrent, que nos intéressants colons dressent leurs tentes. Cette halte au contour du ruisseau, et entre des rochers qui les protègent des orages, leur fait appeler ce site le *Coin-du-Rieu.*

Jusqu'à cette époque, aucune habitation n'avait existé dans ces contrées. Les loups en étaient les principaux propriétaires. Ils y vivaient en opulents seigneurs, partageant avec les sangliers, chevreuils, biches, lièvres et lapins, leurs vassaux, les immenses produits de leur domaine, dont les nouveaux habitants s'accommodèrent en attendant une plus complète installation. Mais, pour n'être pas importunés par ces hôtes incivils, nos conquérants procédèrent de suite au défrichement des forêts, et construisirent des chaumières avec plus d'art qu'on ne saurait les faire aujourd'hui. La première maison qui se bâtit fut pour Florius, chef de cette légion (1).

L'activité que nos colons mirent à leurs travaux agricoles leur assura, la même année, une récolte plus que suffisante à leurs besoins.

César, ayant oublié son traité avec les Helvétiens (les *Suisses*), les attaqua dans les environs de la forêt de Lugdunum, et les poursuivit jusqu'à Autun, où il mit leur armée en déroute, les forçant de regagner leur pays natal.

---

(1) Dans ces défrichements, un fils de Florius se fit au pied une piqûre grave qui lui causa la mort. Les colons, en sa mémoire, firent une statue en pierre, qui fut placée sur sa tombe.

Sous Dioclétien, ce tombeau fut détruit; mais la statue, respectée, devint les armoiries de Condrieu, et servit à décorer l'habitation d'un chevalier chargé des recouvrements publics.

La petite peuplade du Coin - du - Rieu, retenue par le paisible Florius, resta neutre dans cette affaire, et conserva sa position.

A la mort de César, Munacius Plancus était gouverneur de la Gaule Transalpine, où il fonda la ville de Lugdunum (1), dans la forêt qui portait ce nom, entre le Rhône et l'Étrar (la *Saône*), juste quarante-neuf ans avant Jésus-Christ.

Douze ans après, Octave, général d'Auguste, s'empare des Gaules à l'occasion d'une révolte de l'Aquitaine et d'une irruption des Suèves. Il y établit Vipsanius Agrippa, l'un de ses plus habiles lieutenants, qui les réduisit les uns et les autres, et il embellit la Gaule de plusieurs voies romaines, qui partaient de Lyon, où il faisait sa résidence.

L'empereur Auguste marqua son séjour dans les Gaules par l'érection de divers monuments, et par la fondation de plusieurs

---

(1) Lugdunum fut fondé pour servir de refuge aux Viennois, chassés de leur cité par les Allobroges. Ce n'est que sous Néron que cette ville prit le nom de Lyon.

villes. Il contribua puissamment à la prospérité du Coin-du-Rieu, qui prit alors le nom de *Coindrieu* (1), et il y fit bâtir un monument connu sous le nom de Château-de-la-Tour, où il fit enfermer sa fille Julie, indigne épouse de Tibère, que celui-ci n'avait osé ni accuser, ni répudier, flatté qu'il était d'avoir épousé une femme aussi belle qu'aimable, lui, dont la figure eût fait horreur aux peuplades des bois, qui l'eussent assurément pris pour leur roi, s'il eût assisté à une élection d'animaux. Une grosse tête à cheveux roux, plaquée d'une face olivâtre, criblée de *kaoli* (petite-vérole), un large nez, aussi plat que puant, ombrageant une bouche d'orang-outang, meublée de trente-deux pointes noirâtres qui semblaient présager le couronnement d'épines du Sauveur; de petits yeux rouges abrités trop avantageusement par un front chevelu; des oreilles d'une demi-coudée, qui, semblables à deux sentinelles, pre-

---

(1) Ce n'est qu'au XII° siècle qu'on lui donna le nom de Condrieu.

naient pied sur un col dont l'avancement ressemblait à la plate-forme d'une citadelle, ce qui lui donnait une respiration pénible et une voix rauque ressemblant plutôt au hurlement du léopard qu'à une voix humaine : tel était le portrait de Tibère. Bien convaincu de sa laideur, il pardonna à Julie les fautes qu'elle sut effacer par un sincère repentir. Ainsi donc, après trois ans de séparation, la grande tour de Condrieu vìt renouer l'hymen des époux. Ce fut une fête générale dans toute la ville, et à laquelle assistèrent les notables.

Tibère passa un certain laps de temps à Condrieu, d'où il fut rappelé par Auguste à l'occasion d'un soulèvement suscité par les Lingons, mais qui fut de peu de durée, car, pendant douze ans, l'univers ne fut en proie à aucun tumulte. C'est à cette période pacifique que devait naître Jésus-Christ, le prince de la paix, mais d'une autre paix que celle que donne le monde : de celle qui concilie la terre avec le ciel, en procurant à l'homme, dégradé par le crime, des ressources pour recouvrer son innocence.

Alors seulement se réalisèrent ces fictions du paganisme, qui faisaient habiter la divinité avec les hommes, et qui la faisaient converser familièrement avec eux. De cette époque, la connaissance d'un dieu unique, renfermée jusqu'alors dans un coin de la Syrie, se répandit avec rapidité dans toute la terre, et de pauvres pêcheurs furent les instruments de cette heureuse révolution.

Dénués de tous moyens naturels, mais forts d'un témoignage à l'épreuve de la mort, au mépris de la croyance de tous les peuples, ils proclamèrent et firent triompher une nouvelle doctrine, aussi étonnante par sa pureté que par sa perpétuité; prodige impossible si elle n'eût été que l'œuvre d'un homme, ou d'un apôtre d'imposture.

Tibère fut envoyé en Illyrie par Auguste, mais il en repartit avec hâte, sur l'avis que lui donna sa belle-mère du déclin de la santé de ce prince. Il n'eut que le temps d'arriver à Nôle pour recevoir son dernier soupir, et il lui succéda.

La dix-neuvième année de son règne, Jésus-Christ expiait, en Judée, sur une croix, les crimes du genre humain, et, par une vie nouvelle, dont lui seul avait pu donner les préceptes et l'exemple, il appelait tous les hommes à se faire l'application de ses souffrances. Le faible Pilate, qui l'avait condamné à mort, fut, quatre ans après, envoyé en exil à Vienne, par l'empereur Caligula, successeur de Tibère, et Hérode fut envoyé en exil à Lyon. Caligula, tyran sanguinaire, fut assassiné par Chéras, l'un des tribuns de sa garde, qui eut le courage d'en débarrasser l'empire. Un imbécile succéda à un furieux, ce fut l'empereur Claude, né à Lyon. Si la Gaule n'eut pas à s'en enorgueillir, du moins elle eut à s'en louer. Il fut empoisonné par Agrippine, sa nièce, qu'il avait épousée. L'odieux tyran Néron lui succéda. C'est à ce monstre que nous devons la reconstruction de Lugdunum (qui prit alors le nom de Lyon), détruit cent ans après sa fondation (1).

C'est la destruction de cette ville qui augmenta de beaucoup la population de Condrieu, petite ville qui vit naître Julius Vindex, pro-préteur des Gaules, qui profita du mécontentement des peuples contre Néron, qui les accablait d'impôts. Il rassembla donc les chefs des diverses peuplades, les séduisit par une vive représentation des malheurs de l'empire et des infamies du tyran; il forme une armée avec leur concours, lève dès lors ouvertement l'étendard de la révolte, et dépêche en Espagne vers Galba, que sa naissance, son âge et ses talents avaient investi d'une haute considération. Il est mis à la tête d'un rassemblement qui a pour but de venger le genre humain. Galba succéda donc à Néron, mais il fut massacré par les prétoriens après neuf mois de règne.

---

(1) Lugdunum, s'étant obstiné à ne pas vouloir recevoir les apôtres, lorsqu'ils voulaient convertir cette ville à la doctrine de la vérité, pendant la nuit le ciel fit tomber une pluie de feu et de soufre qui consuma la cité.

C'est à cette époque que les soldats de Vitellius, désireux de procurer l'empire à leur général, le devancèrent en Italie, sous la conduite de Valens et de Cécina, sés lieutenants. En traversant la Gaule, ils pillèrent plusieurs villes. Metz, malgré une réception honorable, eut le sort d'une ville prise d'assaut : quatre mille de ses habitants furent massacrés sans motif. Les Éduens furent rançonnés et contraints de fournir des vivres. Vienne ne se préserva, après d'humbles soumissions, que par une gratification de trois cents petits sesterces (*soixante francs*) à chaque soldat; les habitants des environs de cette ville, qui firent mine de résister, furent écrasés, et soumis aux plus rigoureux traitements. Cette colonne, qui suivait la rive gauche du Rhône, se divisa, et douze cents hommes seulement, traversant le fleuve, tombèrent sur Condrieu. Les femmes, qui avaient été averties à temps de cette visite, firent cacher leurs maris et leurs fils, se chargeant seules de la réception, qui fut faite avec grande pompe. Ils furent tellement fascinés par cette bizarrerie, qu'ils tombèrent dans le piége qu'on leur avait si habilement tendu.

Ils burent avec excès des vins qui leur furent prodigués par les belles, et lors-qu'ils furent complétement dans l'ivresse, les hommes les jetèrent dans le Rhône, après les avoir dépouillés de leur butin, et liés plusieurs ensemble. C'est le nommé Rivery, de cette cité, qui, habillé en femme, avait dirigé ce glorieux guet-apens.

CHAPITRE II.

VICTOIRE DE CÉRIALIS. — SUPPLICES DES CHRÉTIENS. —
ORIGINE DE LONGE ET TRÈVES.

Les deux généraux continuèrent leurs exploits jusqu'en Italie, et gagnèrent sur les troupes d'Othon, près de Crémone, une sanglante bataille qui coûta quarante mille hommes aux deux partis.

Othon, instruit de ce désastre, se donna la mort, pour éviter de tenter la fortune aux dépens des braves qui voulaient bien mourir pour lui.

Vitellius, dès lors, se rendit à Rome pour porter sur le trône les vices dont il était infecté.

C'était alors une opinion généralement répandue dans toute la Judée que l'Orient allait prévaloir, et que de la Judée même devaient partir des hommes qui se rendraient maîtres de l'univers.

Cette espèce de prédiction, qui a été si manifestement accomplie en la personne de pauvres pêcheurs, qui devaient conquérir l'univers à la doctrine de la vérité, était autrement entendue par les Romains, qui l'appliquaient à Vespasien et à Tite, et par les Juifs, qui y voyaient l'annonce infaillible d'une splendeur prochaine. Cet espoir alla si avant et enflamma tellement leur courage, que, aigris d'ailleurs par les vexations et le mépris des Romains, ils eurent la témérité de recourir aux armes pour s'affranchir de leur joug.

A la mort de Vitellius, Vespasien, connu par ses succès et ses qualités personnelles, fut jugé par ses soldats bien plus digne d'occuper le trône que les tyrans sanguinaires qui se l'arrachaient tour à tour.

Vespasien fut donc salué empereur; les légions de Syrie et d'Egypte s'empressèrent de répondre aux vœux de celles de Judée, et bientôt s'y joignirent celles de Mésie et de Dalmatie, excitées surtout par deux légions de Panonie qui avaient tenu pour

Othon et qui avaient été reléguées en ce pays après leur défaite près de Crémone. Plus voisines du théâtre de la tyrannie, ces légions abandonnèrent successivement l'Illyrie, et, sous le commandement d'Antonius Primus, elles se hâtèrent de gagner l'Italie.

Pendant que ces choses se passaient, une partie de la Gaule était agitée de mouvements de révolte qui menaçaient de la gagner tout entière. Les Bataves (*Hollandais*), à l'extrémité la plus reculée de son territoire, formèrent le noyau de la rébellion.

Ce fut Civilis, un de leurs concitoyens, qui résolut d'affranchir son pays.

Bientôt il eut soulevé ses compatriotes, mécontents d'une levée de toute la jeunesse du pays. Dans le même temps, un détachement de vétérans bataves, qui, par l'ordre de Vitellius, se rendait en Italie, rebroussa chemin sur l'avis de Cérialis, lequel se vit à la tête d'une véritable armée. On pensait cependant, à Rome, à pourvoir aux besoins de la Gaule. Déjà Mucien, le plus ardent promoteur de la fortune de Vespasien, et qui l'avait précédé dans la capitale, y avait fait passer Cérialis, qui s'était distingué à la prise de Rome. Quatre légions, envoyées d'Italie, traversèrent les Alpes; deux furent rappelées d'Espagne, et une autre de la Bretagne. Cérialis, à la tête de sept légions, se hâta de marcher à la rencontre des ennemis. Il campa à Condrieu, où il attendait les ordres de Mucien; mais, dans la même nuit, la ville fut investie par des troupes qui arrivaient de toutes parts. Cérialis était au lit quand il reçut cette nouvelle, à laquelle il refusait de croire; mais, en homme qui avait le talent de prendre sur-le-champ le meilleur parti, presque nu il court au port, s'empare des bateaux et du butin de ses adversaires, y établit un poste, et, à l'aide des braves du pays, il borne de ce côté les progrès de l'ennemi. De là, il vole à son camp, qu'il trouve pris par les Bataves. Un combat affreux s'engage; la ville et les campagnes furent ravagées. Le sol, devenu si fertile, ne représentait plus que le théâtre d'un horrible carnage. Domitien, fils de l'empereur, qui était resté à Lyon pendant ces événements, vint à Condrieu pour y jouir du spectacle déchirant de la victoire de Cérialis. Mais ce monstre, loin de plaindre les habitants d'une contrée aussi malheureuse, les força d'arracher les vignes qui avaient été épargnées dans la bataille, prétendant que le vin était un sujet de révolte et de sédition. Il n'échappa à cet ordre téméraire que la quantité de vingt ceps, qui restèrent en un lieu que l'on nomma à cause de cela : *Voyez et Croyez* (1).

Domitien s'établit quelque temps à Condrieu, y fit fortifier la ville et reconstruire le château, qui avait été très-endommagé. Après Vespasien, le règne des sept empereurs qui se succédèrent n'offre rien d'intéressant pour cette histoire.

Les temps devinrent plus calmes, et la religion chrétienne, forte de la pureté de

---

(1) Ce domaine existe encore sous le nom de Croyez.

sa morale, du zèle et des vertus de ses ministres, s'avança avec sécurité à travers les persécutions du paganisme et les angoisses de la pauvreté. Depuis un siècle elle avait arboré l'étendard de la croix, et fixé son foyer principal dans la capitale même de l'empire, et de là des hommes, qui tenaient leur doctrine des apôtres, ou de leurs disciples immédiats, la répandirent par toute la terre; dès cette époque on lui donna une hiérarchie bien ordonnée. Des évêques dans les métropoles, des prêtres dans les principales villes, et dans les campagnes, des diacres furent préposés pour recueillir et distribuer les dons des fidèles; il y avait même des diaconesses chargées auprès des femmes des fonctions que la bienséance ne permettait point aux hommes de remplir. Ainsi s'établit naturellement dans l'état ecclésiastique les degrés d'honneur et de juridiction, que les Romains avaient établis dans l'ordre civil.

Il était difficile que les nombreuses relations de la Gaule avec le siége de l'empire

ne la fissent pas participer de bonne heure à
la connaissance du christianisme. La preuve
pourrait s'en tirer de plusieurs églises qui
font remonter leur fondation aux envoyés
de Saint-Pierre ou de ses premiers successeurs. Mais le défaut de monuments au-
thentiques interdit les détails à cet égard.
Cette révolution dans le culte est, du
reste, constatée par un fait plus avéré et
plus rapproché, qui nous a été conservé par
Eusèbe, et qui, d'ailleurs, suppose une certaine durée de la prédication de l'évangile
dans les Gaules : ce fait est la persécution
suscitée aux églises de Lyon et de Vienne
sous le règne de Marc-Aurèle; car, à l'exception de Nerva et d'Antonin, les chrétiens
furent persécutés, même par les meilleurs
empereurs romains.

C'est à cette époque déplorable que qua-
rante-huit chrétiens furent donnés en spectacle à l'amphithéâtre de Lyon, et soumis,
tour à tour, aux supplices des chevalets,
des plombs, des chaises de fer ardentes, et
des lacérations par les bêtes féroces. Potin,

évêque de cette ville, vieillard nonagénaire, périt le premier dans les prisons, après son interrogatoire, à la suite des mauvais traitements qu'il éprouva de la populace.

Atale et Blandine furent, après lui, ceux sur lesquels la fureur populaire s'acharna avec le plus de rage. Le premier l'avait irritée par sa constance ; mais il était citoyen romain, et, à ce titre, on n'avait pas osé se porter contre lui aux dernières extrémités avant d'avoir consulté l'empereur. La réponse de Marc-Aurèle fut : que tous ceux qui confesseraient la foi de Jésus-Christ devaient mourir, mais qu'on eût à épargner ceux qui se rétracteraient. Telle était la modération dont un empereur, auquel son caractère et ses écrits ont fait une réputation de sagesse, croyait pouvoir se faire un mérite auprès des chrétiens.

Atale fut donc voué à la mort ; mais, au lieu d'être simplement décapité comme les autres citoyens romains, on fit une exception pour lui. Il fut produit en spectacle sur une chaise de fer rougie au feu ; au milieu des douleurs de son supplice, et lorsque l'odeur de ses chairs consumées remplissait l'amphithéâtre, il s'écria : « Peu« ple ! ce n'est point à nous qu'il faut im« puter le crime de manger les hommes; « c'est bien plutôt à toi que l'on peut re« procher justement de les faire rôtir. »

Quant à Blandine, pauvre fille qui était au service, à Lyon, de dame Beninte Proubière, et qui était fille d'un artisan de Condrieu, nommé Philiard, elle fut soumise à divers genres de torture, et les nouveaux raffinements de cruauté exercés sur elle ne purent rassasier le peuple. Il fut moins touché de sa constance qu'il n'en fut effrayé.

Le règne de Commode, fils de Marc-Aurèle, n'offrant rien d'intéressant pour cette histoire, sera omis de ces pages, ainsi que celui du vertueux Pertinax, qui régna à peine trois mois. Quatre compétiteurs se mirent sur les rangs pour lui succéder. Julianus à Rome, Albinus dans les Gaules, Nigier en Syrie, et Septime-Sévère en Illyrie. Le dernier, dans le cours de trois ans, vint à bout de détruire tous ses rivaux.

La Gaule fut le théâtre de ses combats avec Albinus, dont la défaite eut lieu près de Lyon.

Sévère, après avoir saccagé et brûlé cette ville (1), poursuivit les Lingons et les Allemands, qui avaient été les plus acharnés contre lui, jusques dans les montagnes longeant le Rhône, à quelques milles de Lyon.

Là se donna le dernier assaut, où Albinus fut tué.

Après cet affreux orage il survint un grand calme.

Une expédition contre les Parthes entraîna Sévère loin des Gaules ; il vint mourir à Yorck, en Bretagne. Les soldats d'Albinus, aussi dévoués à son souvenir qu'à sa personne, lui érigèrent un tombeau, surmonté d'une si haute pierre, qu'on donna le nom de *Longe-Pierre* au village que les Allemands bâtirent en ce lieu.

A quelques mois de là, les Lingons et

____

(1) Sévère brûla Lyon 139 ans après le premier incendie dont Néron avait réparé les ravages.

les Allemands se querellèrent au sujet des terres dont ils avaient pris possession. Aux menaces succédèrent les coups, et soûs les coups succombèrent des victimes. Au nombre de celles-ci fut le capitaine Trévis, en l'honneur duquel fut aussi élevé un monument qui donna son nom à cette place, où fut bâti un village (1). Plus tard les tombeaux de *Trévis* et de la *Longe-Pierre* disparurent, mais les villages existent toujours sous les noms de *Longe* et *Trèves*.

---

(1) Il y a eu des contestations sur le nom de ce village. Certains historiens prétendent que ce nom lui vient de la trève entre Albinus et Sévère, dont ce dernier ne tiut point compte.

CHAPITRE III.

———◆———

L'empereur Dèce rendit encore victimes de leur zèle les neuf missionnaires commis par le pape pour annoncer la sainte doctrine.

Cette époque, importante dans l'histoire de Rome, ne l'est pas moins dans celle de la Gaule. On vit alors les premières incursions de ces Francs qui devaient s'approprier son territoire et s'y établir pour toujours. Il surgit quatre nations germaniques : les Logions, les Bourguignons, les Vandales et les Francs, qui, s'étant introduits de nouveau dans les Gaules, y avaient pris possession de soixante et dix villes. Mais Probus, qui eut avis du peu d'accord qui régnait entre ces peuples, en profita pour les attaquer séparément. Il purgea la Gaule des trois premiers, et fit des concessions aux Francs pour tâcher de se les attacher. Beaucoup prirent les armes pour lui; ils y furent engagés par le désir de rétablir des villes détruites, et de s'emparer de terres fertiles, devenues incultes.

Probus, que l'on nomma si justement le bon et le père du peuple, non satisfait de la vie de conquérant, avait encore un grand plaisir d'occuper les instants de loisir de ses soldats.

En architecte habile, il dirigeait les travaux de construction, et s'occupait d'agriculture avec un soin et un goût plus particuliers encore. On assure qu'il aimait le bon vin, et qu'il mettait une certaine jouissance à la propagation de la vigne.

Dans une expédition qu'il fit en Dalmatie, il rapporta un grand nombre de plants de raisins blancs, inconnus jusqu'alors dans nos contrées. C'était aux Bourguignons qu'il destinait cet aimable présent, par souvenir du bon vin rouge avec lequel ils avaient eu l'attention d'allécher ce monarque. Probus devait s'arrêter à Lyon, mais, avant d'y arriver, il succomba sous le poids d'une grande fatigue, et fut forcé de camper à Condrieu, où il fut tellement sollicité par Hugues Rémy et Antoine Morel, qu'il consentit à leur céder le présent que, pour d'autres, il avait apporté de loin. Il choisit même le lieu qui lui sembla le plus favorable à la culture de cette espèce de ceps.

Il fit donc défricher un bois par ses soldats, et y fit planter cette fameuse vigne, qui, par les habitants de cette cité, fut nommée *la Chérie* (1), et qui a toujours porté ce nom.

____

(1) Nous croyons pouvoir affirmer, d'après nos recherches, que la fête de Saint-Clair, autrefois si révérée à Condrieu, tirait son origine de l'époque où Probus était venu en ce pays, à cause du contentement qu'en avaient éprouvé les habitants, et c'est en mémoire du défrichement du bois par les soldats de Probus, que les Bachelard étaient dans l'usage d'aller, le jour de cette fête, prendre des échalas dans cette vigne.

Probus arriva à Condrieu le 2 janvier; il y prit un repos de quelques jours avec cent de ses soldats seulement. Il avait dirigé sa troupe sur Lyon, où il s'arrêta peu.

Sous ce monarque bienfaisant, l'empire goûtait les fruits d'une administration sage, dont les exemples étaient perdus depuis un siècle. Les frontières seules de la Perse étaient encore inquiétées. Probus se disposait, par de nouveaux succès, à faire partager à ses habitants la félicité générale, lorsque, près de Sirmium, lieu de sa naissance, ses soldats, fatigués des ouvrages dont il se faisait un principe d'occuper leurs loisirs, le massacrèrent dans un moment d'humeur, çe dont ils se repentirent ensuite. Probus eut un règne rempli de bonnes actions. Il ne s'était pas borné à donner à son empire l'amour de la paix, à enseigner à ses sujets les moyens de fertiliser leur territoire, mais il avait la gloire d'avoir mis un terme aux cruelles persécutions des chrétiens, dirigées par Dèce, et qui furent renouvelées sous le règne de Dioclétien. Il y avait deux ans qu'il était élevé au pouvoir suprême, lorsqu'il s'adjoignit pour collègue Maximien, son ami d'enfance, auquel il assigna son département dans les Gaules, alors tourmentées par les incursions des Germains, et par une insurrection générale des paysans. La bande la plus nombreuse et la plus puissante portait le nom de *Bagaudes*, et avait pour chefs deux gentilshommes qui s'étaient fortifiés dans le château des Faussez, bâti par Jules César. Dioclétien envoya contre les insurgés une grande armée sous le commandement de Maximien, qui, après avoir traversé les Alpes, s'arrêta dans une plaine du Dauphiné, près du Rhône, et là, voulut, avant d'avancer davantage, implorer le secours de ses dieux. Il ordonna de faire des sacrifices publics, et de jurer, par serment solennel, sur les autels des idoles, de combattre contre les Bagaudes et de persécuter les chrétiens comme les ennemis des divinités et de l'empire.

Il ajouta à ce commandement de grandes

menaces contre ceux qui manqueraient à leurs serments. Quand nos braves apprirent le dessein de leur général, qui était de les rendre idolâtres et cruels, une légion de cette armée, appelée la Légion Thébaine, et qui était toute composée de chrétiens, se sépara du camp, s'en éloignant de huit milles. Maximien en étant averti, envoya vers eux des émissaires pour les engager à se soumettre; mais Maurice, qui conduisait la légion, Exupère, porte-enseigne, et Candide, de l'ordre des sénateurs, répondirent au nom de tous : « Qu'ils avaient assez souvent donné des preuves de courage pour que l'on ne leur supposât pas de la lâcheté, et qu'ils n'avaient pas agi par esprit de rébellion. »

Maximien, apprenant cette réponse, entra dans une colère furieuse, et, sur-le-champ, il commanda que l'on décimât toute la légion. C'était une manière de punir les soldats, qui se pratiquait lorsque le nombre des coupables était trop grand. Au lieu de les faire périr tous, on se contentait seulement d'en exécuter les dixièmes sur lesquels le sort tombait.

Les soldats apprirent avec joie ce cruel arrêt. Tous les dixièmes furent mis à mort; le nombre s'en éleva à 667. Ceux qui furent réservés, loin de les plaindre, leur portèrent envie. A peine l'exécution fut-elle achevée, et les bourreaux partis pour rendre compte de leur terrible mission à leur maître, que Maurice fit au reste des soldats un discours pour les fortifier dans la foi.

Maximien, informé que la décimation, bien loin d'ébranler les autres Thébains, n'avait servi qu'à enraciner davantage leurs sentiments religieux, ordonna que l'on en fît une seconde, en commençant par Maurice.

La seconde ayant eu le même résultat, et Maximien, plus outré que jamais, ordonna que l'on taillât en pièces le reste de la légion, qui, exhortée par Exupère et Candide, reçut tout entière la palme du martyre (1). Quant au reste des malheu-

____

(1) On assure que cet horrible massacre a eu son exécution à deux lieues de Vienne, presque en face de Condrieu,

reux Bagaudes , ils satisfirent à la haine de Maximien par le massacre qui en fut fait tout le long de la route. Le plus grand

---

près de la petite ville de Sabion , située en-dessous du village qu'aujourd'hui on appelle les Roches. Nous avons peu de détails sur cette ville, qui , plus considérable que Condrieu, lui était bien antérieure; mais ce qui peut constater son identité, ce sont les débris de monuments trouvés dans les fouilles qui furent faites sous le règne de Charles VII.

Il y a une trentaine d'années qu'il fut trouvé dans un jardin appartenant à Etienne Thounérieux, et aujourd'hui au sieur Bresson, des colonnes d'un ancien temple, et autres petits objets dont nous n'avons plus souvenance, mais qui ont fait présumer que c'était en ces lieux qu'avait existé le couvent de Druïdes dont il a été fait mention dans d'anciens écrits. Cet emplacement avait été signalé comme renfermant des objets précieux. Pour ce qui est de la ville, elle était bâtie au bas des rochers qui ont donné le nom au village, et elle s'étendait, non-seulement au sablier , mais au-delà des maisons qui l'avoisinent. Le Rhône coupait une partie de la plaine d'Ampuis, anéantissait l'île de la Chèyre , traversait la plaine que l'on nomme Les Pêcheurs, ne laissant à cet endroit qu'une île appartenant à la rive gauche, et qui était habitée par des pêcheurs n'ayant pour logement que des barques couvertes et commodément organisées; ce qui leur donnait l'avantage, en cas d'invasion du Rhône, de transporter leur domicile ailleurs. Le fleuve passait très-près de la ville, coupait le devant du port pour traverser cette belle plaine de Champagnolle qui appartenait à la rive droite, et le Rhône longeait Saint-Clair. D'après ces renseignements, on ne s'étonnera plus des écrits qui parlent de l'église souvent inondée.

carnage se fit au terme du voyage au château des Fossés , à deux lieues de Paris. Les corps de ces glorieux martyrs furent enterrés par les gens du pays, dans de grands fossés, où ils demeurèrent jusqu'au temps de Théodose, évêque de cette province.

Pour ce qui est des corps des martyrs de la légion thébaine , il ne nous en est resté aucun vestige, ce qui a fait présumer qu'ils avaient été jetés dans le Rhône ; mais on a conservé longtemps à Vienne le casque et la lance de Saint-Maurice , dans la cathédrale qui lui est dédiée. Charles Martel voulut , dit-on, s'en servir dans la bataille qu'il donna aux Sarrasins , l'an 738 , juste 441 ans après cet événement.

Les chrétiens eurent encore souvent à souffrir sous le règne des empereurs qui suivirent celui de Dioclétien. Ils furent persécutés jusqu'en l'an 306 ; mais les rois de France les protégèrent.

Le premier roi chrétien fut le barbare Clovis, époux de sainte Clotilde. Sous son règne, comme sous celui de tant d'autres rois, il ne fut point question de notre petite cité. Les habitants continuèrent à cultiver avec fruit les plants apportés par l'empereur Probus ; leur labeur avait effacé les calamités des guerres, qui, plus tard, se renouvelèrent.

Ce fut au cinquième siècle que la petite vérole commença à exercer ses ravages ; c'est alors que les épidémies, la peste et les inondations faisaient de nos contrées un séjour de calamités et de misères. Jamais l'espèce humaine ne fut plus corrompue ; jamais la terre ne fut dévastée par plus de maux à la fois : l'ignorance régnait en souveraine, et les passions des hommes étaient ses ministres. Il parut alors dans les Gaules un grand prodige, au fort de l'Ecluse, situé sur une montagne, au bord du Rhône. Cette montagne fit entendre, pendant soixante jours, je ne sais quels mugissements. Tout à coup elle se sépare d'une autre dont elle était voisine, et se précipite dans le fleuve avec les hommes,

les maisons et les richesses qu'elle portait.
Les eaux sortirent de leur lit, et inondèrent
les contrées bordant la partie supérieure
de leur cours, renversant et engloutissant
tout ce qui se trouvait sur leur passage.

Les flots amoncelés se précipitant de nouveau, surprirent, comme ils l'avaient fait
plus haut, les habitants du pays situé le
long de la rivière, les noyèrent, renversè-
rent leurs maisons, emportèrent des villes,
des hameaux, et tout ce qui se trouvait
sur la rive, bouleversant, ravageant tout
par une inondation violente et subite (1).
Cet événement changea complétement le
lit du Rhône en divers endroits. C'est à
cette époque qu'il s'éloigna de la ville de
Condrieu, et que les plantations faites le
long de sa rive le reculèrent encore.

C'est l'an 577 ou 578 que l'on commença
à bâtir des cassines au port de Condrieu.
Ces petites maisons furent habitées par des
pêcheurs, qui, plus tard, se livrèrent à
la navigation, et devinrent si habiles dans

______

(1) C'est alors que fut entraînée la ville de Sabion.

cet art, que l'on parlait des mariniers de Condrieu comme s'ils eussent été les rois du Rhône.

Cette époque a été remarquable aussi par la quantité de nobles familles qui sont venues s'établir en ce pays, appartenant alors à Sirgean de la Viguerie, qui établit des impôts pour achever de fortifier la ville, et reconstruire le château dont il ne restait que quelques ruines. On y ajouta une chapelle, qui fut dédiée à Saint-Jean. Le jour de son inauguration fut une grande fête pour le pays, qui ne possédait encore qu'une petite église appartenant à un couvent de moines, qui, dans ces contrées, jouis-saient d'une grande considération qu'ils érigeaient trop souvent en autorité. Les couvents étaient alors chargés par les gouverneurs des provinces de faire des levées d'hommes pour les armées. Au septième siècle on comptait en France trente-cinq monastères, qui étaient d'un grand secours pour nos rois. Leurs prières exaucées de Dieu, et leurs conseils suivis des hommes, firent souvent gagner des batailles.

L'an 789, le pape Adrien Ier, contrarié par le roi des Lombards, eut recours au roi de France Charlemagne, son ami, qui lui expédia une armée assez nombreuse.

Les Normands profitèrent de l'absence de nos troupes pour venir inquiéter la France; il surgit de toutes parts des bandes de pillards qui ravagèrent les provinces. Condrieu eut beaucoup à s'en plaindre; cependant ces bandits se montrèrent moins cruels que les Danois, qui, sous un chef nommé Aigrolde, ne se contentèrent pas de mettre la ville à contribution, mais outragèrent encore les femmes, et brûlèrent des maisons dans la campagne. Les habitants indignés se levèrent en masse, massacrèrent Aigrolde et quelques-uns de ses soldats. Les autres prirent la fuite, dans la crainte du même sort, et cette population retrouva sa tranquillité.

En 817, le pape Etienne IV vint en France pour y couronner Louis-le-Débonnaire. Comme la santé de Sa Sainteté était un peu altérée, pour éviter quelques fatigues de voyage, il remonta par le Rhône depuis Avignon, et s'arrêta à Condrieu, où le roi avait envoyé à sa rencontre un certain nombre d'officiers, y compris Vola, qui, par ordre de Sa Majesté, fut enfermé chez les moines, pour mettre à l'abri la réputation d'Ermingarde, épouse du roi, ou pour éviter l'ombrage qu'il portait à ce monarque.

En avril 849, les Bretons prirent Nantes par escalade et la réduisirent en cendres, ainsi que les monastères voisins. Une autre troupe, beaucoup plus nombreuse, sous des chefs expérimentés, remonta la Seine jusqu'à Paris, et y brûla deux abbayes. Cette troupe ravagea la Picardie, la Flandre et la Champagne, chassant devant elle les moines qui fuyaient chargés de reliques. Comme les reliquaires étaient d'or et d'argent, ornés de pierres précieuses, cette riche proie stimulait l'avidité des Barbares, qui poursuivirent les moines jusqu'à Vienne, où l'archevêque leur accorda protection. La ville repoussa ces bandits audacieux; mais, auparavant, fit restituer les trésors qu'ils avaient volés, et gardés avec eux. Les religieux qui étaient venus se réfugier sous l'égide du prélat reçurent donc et leurs richesses et celles de plusieurs communautés; mais comme un même ordre religieux ne fait qu'une même famille, les moines réfugiés à Vienne s'approprièrent sans trop de peine tous les objets restitués appartenant à leurs frères, ensuite quelques-uns retournèrent dans leurs monastères, d'autres restèrent à Condrieu au couvent de cet ordre, et le plus grand nombre fut établir une maison près de Serrières. C'est de cette époque que date la merveilleuse église de Champagne. Ce sont des moines champenois qui donnèrent leur nom à cette localité.

Cet événement fut effacé par un autre beaucoup plus intéressant pour les habitants de Condrieu : c'est l'avènement d'un de leurs concitoyens au siége apostolique de Vienne.

CHAPITRE IV.

SAINT ADON, ARCHEVÊQUE.

Il est à la connaissance de très-peu de personnes que notre ville ait vu naître un saint archevêque. Nous devons l'histoire de sa vie à Jean de Mabilon, Eusèbe et Richardon, qui l'ont tirée des vieux bréviaires de Vienne et de Rome. La voici telle qu'ils l'ont rapportée :

Saint Adon nacquit à Condrieu le 1er mai 809 ; il était fils d'Aimon Samuel, habile navigateur sur le fleuve du Rhône ; sa mère se nommait Jacqueline Palois. Ils appartenaient l'un et l'autre à de très-honnêtes familles ; ils élevèrent de bonne heure leurs enfants dans la crainte de Dieu. Adon était le plus jeune des quatre fils qui faisaient leur félicité.

Le père, qui les aimait tendrement, pour

leur procurer du plaisir et les accoutumer
au travail, se faisait, à tour de rôle, accompagner de l'un d'eux dans ses voyages. Il
était à la veille de partir avec Antoine, son
fils aîné, lorsque, dans la nuit, il vit en
songe un religieux tenant son fils Adon
d'une main, et lui présentant de l'autre
une couronne qu'il tressait pour lui.

Le matin, Samuel était sous la préoccu-
pation causée par ce songe, lorsque son petit
Adon, venant l'embrasser, le prie en grâce
de l'emmener avec lui, disant que c'était
à son tour. En vain le père lui objectait
sa jeunesse, la rigueur de la saison et la
promesse faite à Antoine, quand la mère
vint dire à son mari que son fils aîné était
souffrant, et qu'elle craignait pour lui la
petite vérole que venaient d'avoir ses deux
autres fils.

Cette circonstance décida les parents à
consentir au désir du petit Adon pour le
soustraire à cette épidémie.

Quelques instants après, l'enfant, tout
joyeux, entrait dans un bateau chargé de

blé, muni d'un paquet de hardes à son usage.

La navigation de cette première journée fut heureuse, la nuit fut calme; mais, vers le matin, lorsque la reine du firmament eut disparu pour faire place au roi des astres, et que Samuel et les quatre navigateurs, qui l'accompagnaient, étaient à leur poste, un vent impétueux s'élève, une neige abondante obscurcit le ciel, les mariniers ne voient plus à se conduire, et la barque flotte au hasard. Le petit Adon, réveillé par cette tourmente, s'était agenouillé sur son paquet, et récitait avec ferveur les prières que lui avait apprises sa pieuse mère; le digne père se recommandait à la divine providence, exhortant son fils à ne point cesser de prier. A l'autre extrémité du bateau, Pierre Janin implorait la Sainte Vierge, et se recommandait aux prières du petit Adon; les trois autres mariniers se moquaient de lui en jurant infernalement.

Le vent soufflait avec plus de force; le

point du jour, trop obscurci par les abondants flocons de neige qui empêchaient aux pilotes de voir si la barque tenait les bords ou le milieu du fleuve, faisait considérer sa position comme des plus dangereuses. Tout-à-coup, elle est soulevée, jetée sur le flanc, et, par la secousse qu'éprouve le gouvernail, deux hommes de l'équipage sont renversés, et jetés à l'eau sans qu'on puisse leur donner aucuns secours. Samuel, loin de blasphémer et de se laisser aller au découragement, semblait, au contraire, animé dans son travail par une ardeur toute céleste. La barque, qui tantôt semblait s'engloutir dans le fleuve, et tantôt paraissait être soutenue en l'air, est enfin poussée avec un tel fracas entre deux rochers, qu'un troisième individu est encore écrasé. Pierre Janin, Samuel et son fils tombent dans le Rhône, mais une onde miraculeuse les ramène sur les bords du rivage. Par un second miracle, ils ne furent point mouillés, et l'enfant n'abandonna pas même son paquet.

Le bateau, qui s'amarra si bien de lui-même, ne souffrit aucun dommage. Après avoir remercié Dieu de sa sainte protection, Samuel confie la garde du bateau à Pierre Janin, et prend, avec son fils, 'le chemin de Condrieu pour faire part du malheur qu'ils avaient éprouvé, et chercher des aides pour continuer le voyage.

La tempête s'était calmée, la neige disparaissait sous quelques rayons de soleil. Nos voyageurs avaient marché demi-heure et étaient éloignés d'une lieue de Valence, lorsqu'ils furent atteints par un moine, monté sur une mule qui avait accéléré le pas. Voyant le père de famille saisir son enfant pour le placer sur son épaule, le bon religieux offre sa monture à Samuel, qui accepte cette politesse seulement pour le petit Adon, alors âgé de six ans.

Chemin faisant, le digne prêtre, qui avait placé l'enfant devant lui, se plaisait à le questionner, et admirait la justesse de ses réponses.

Le soir étant venu, nos voyageurs firent halte dans un village, dont le nom ne nous a pas été conservé, mais c'est là que l'abbé Servat proposa à Samuel de lui confier son enfant pour se charger de son éducation. Le bon père, se souvenant du songe qu'il avait eu la précédente nuit, croit en cela voir la volonté de Dieu, et, après avoir embrassé tendrement son fils, il le confie au moine, qui l'emmène à l'abbaye de Ferrière, où il se distingua par une conduite exemplaire et de brillantes études.

Lorsqu'il eut reçu tous les ordres religieux, il s'aperçut qu'il excitait la jalousie de ses condisciples ; alors il demanda la permission à ses supérieurs de faire le voyage de Jérusalem et de Rome. Il prit pour cela un habit de pélerin, et s'acquitta de ses devoirs avec une grande ferveur. Il demeura quatre ans à Rome, fréquentant les personnes de science et de piété. Il revint ensuite en France, où sa famille l'attendait avec une grande impatience.

Il ne fit pas un long séjour dans sa ville natale ; mais le temps qu'il y passa fut employé en bonnes œuvres et à annoncer la parole de Dieu. Il prêcha dans la chapelle du château et dans la petite église des moines, dont le couvent n'existait plus (1). Ses sermons firent une grande impression sur ses concitoyens.

Après les avoir tous remplis de la parole de Dieu, il partit pour Lyon, où il fut favorablement reçu de Saint-Rémy, qui en était archevêque. Ce prélat, ayant reconnu en lui l'homme savant et vertueux, l'arrêta pour son diocèse, après en avoir obtenu la permission de son abbé, lui donnant, néanmoins, pour sa retraite, lorsqu'il voudrait vivre plus solitairement, une église de Saint-Romain, à Vienne, qui, plus tard, a dépendu des chevaliers de Malte.

Aglimar, archevêque de Vienne, étant mort en 860, le siége fut offert à Adon, qui l'occupa dignement. Il avait alors 51 ans. C'est à lui que l'on doit l'église de Con-

---

(1) Ces moines avaient eu quelques différends avec le châtelain. Cela, joint à ce que leur couvent tombait en ruines, et qu'il était mal situé à cause des habitations qui s'étaient construites à l'entour, les avait engagés à aller se fixer à Champagne, avec leurs confrères.

drieu. En architecte habile, il sut utiliser l'église de l'abbaye, dont il fit le chœur et les deux chapelles collatérales (1).

Adon employa le reste de sa vie à de saintes pratiques et en travaux utiles. Il mourut à Vienne, en odeur de sainteté, le 16 décembre 875, âgé de 66 ans, et il fut enterré, avec ses prédécesseurs, en l'église de St-Pierre, hors la ville.

En 1095 régnait en France une peste connue sous le nom de *feu sacré*. Cette maladie fit de grands ravages à Condrieu. La famille Samuel, qui était très-nombreuse, fut presque entièrement détruite.

Le dernier chef de cette famille était mourant, ainsi que sa femme et le seul fils qui leur restait de six enfants, dont cinq avaient déjà été enlevés par cette afreuse épidémie.

Ces trois personnes, mourantes et sans secours, se souvinrent du bienheu-

----

(1) Le clocher ne fut point changé. Ce n'est qu'au XVIIe siècle, que, tombant de vétusté, on fut obligé d'en construire un autre.

reux qu'elles avaient dans leur famille.

Le père fit vœu que si, par son intercession, la santé leur était rendue, il ferait construire une chapelle en l'honneur de Saint-Adon.

Le vœu fut exaucé et accompli; la chapelle fut bâtie; l'épidémie s'arrêta, et la famille Samuel redevint prospère sous tous les rapports.

Ces détails nous ont été conservés par la demande en permission motivée, écrite de la main de Simon Samuel, qu'il fut obligé d'adresser au seigneur châtelain, dont il reçut aussi l'autorisation par écrit.

Ces pièces respectives ont été trouvées en 1540 par l'obédiencier Hugues de Marzé, en 1549, quand la peste faisait en France les plus grands ravages, et qu'elle avait détruit un tiers de la population de Condrieu.

Le curé Jacques Chapuis, les prêtres sociétaires de la paroisse, le châtelain, les obédienciers Charnevol, d'Urgel, Guichard de Saint-Simphorien et Hugues de la Tour, sénéchal, étant à la tête d'une procession de toute la paroisse de Condrieu, présentèrent à la famille Samuel ses anciens titres, après l'avoir amenée en un lieu choisi pour la reconstruction d'une chapelle dédiée à Saint-Adon, en remplacement de la première qui avait été entraînée par le Rhône.

Il fut donc passé un acte capitulaire, par lequel tous les membres de la famille Samuel s'engageaient à rétablir la chapelle et à maintenir son droit jusqu'à extinction de leur nom, mais avec aide d'un tiers payé par les habitants.

Après cet acte s'ouvrit une souscription qui avait pour but, non-seulement le petit monument projeté, mais encore de pourvoir à l'organisation, en ce même lieu, d'un hôpital provisoire, ou maladrerie pour les pestiférés.

Cette souscription fut signée par les dénommés :

Guillaume de Chuyers, qui promit 40 livres bonnes viennoises, . . . 40 l.

Nicolas Blancheri, ... 10

Jacques Simon, jurisconsulte,	7
François Dalmace, de St-Clair,	4
Simon Garin, ...	2
Les frères Aubert, ...	10
Pierre de Verlen, ...	15
Le père Pierre Doilard et le fils	
Pierre Doilard, ...	6
Jean Guy, ...	2
Pierre de Condrieu, chevalier,	5
Jacques de l'Orme, ...	2
Ogier Lambert, damoiseau, .	9
Hugues de Chaumel, . . .	20
Mathieu de Girou, ...	11
Total	145

Après ces engagements solennels, une messe fut célébrée en ce lieu même, et entendue des assistants avec une grande dévotion.

Les bâtiments qui devaient servir à la maladrerie (1), qui n'étaient que de grands hangars servant à la construction des ba-

____

(1) Ce lieu de la maladrerie existe sous le nom de *Maladière.*

teaux, furent bénits, et l'ordre fut donné de ne garder aucun malade dans la ville. Cette ambulance reçut ses premiers malades le 18 juillet 1349, et la mi-août vit le terme du cruel fléau qui décimait la population de Condrieu, grâce à l'intercession du bienheureux Saint-Adon, qu'avec ferveur tout le monde invoquait, et qu'aujourd'hui trop souvent ou oublie.

Enfin, la chapelle fut construite, et son administration confiée à la famille Samuel, qui s'acquitta religieusement de ce soin.

Par un souvenir de reconnaissance, chacun prit l'habitude, et même se fit un devoir de verser une offrande en passant devant cette chapelle. Ces dons servaient à son entretien et aux frais d'une messe célébrée tous les ans, à la même époque, dans ladite chapelle.

D'après ces faits, que nous ne pouvons révoquer en doute, croirions-nous que les habitants de Condrieu aient pu oublier si complétement le protecteur qu'ils ont au royaume des cieux.

Si le gouvernement, pour tracer des routes, abolit les monuments faits en l'honneur des bienheureux élus, il doit au moins les reconstruire pour ne pas dévier de la route du ciel en suivant celle de la terre, et, qu'à cette pensée, nos braves Condrillots se lèvent en masse pour réclamer les droits du héros de leur patrie.

CHAPITRE V.

Reprenons maintenant l'histoire de notre
ville, qui, à dater du mois de juin 1225,
commença à devenir la plus précieuse re-
lique du clergé lyonnais. Ce fut l'archevêque Renaud de Forez qui, le premier,
acquit les droits utiles de son église en
achetant du comte Girin Siffrey la viguerie
de Condrieu et de son mandement.

Pour accroître ce fief, il échangea avec
Girin des biens à Verenay et à Ampuis. Il
eut en redevance la moitié des lods et ventes,
le quart des légumes et du chanvre, la
troisième partie des bans et clameurs, et,
enfin, le droit qu'il exerçait sur diverses
maisons *au Marchail*, et au château appartenant à Guigues de Verlen et Guillaume
de la Chance. Cet acte, daté du mois de

juin 1225, fut approuvé par Gaudemar, femme de Girin Siffrey, et par leur fils. L'on voit au bas de cet acte la bulle scellée en plomb de l'archevêque.

L'église de Lyon acquit successivement à Condrieu des rentes, des fiefs, etc. Gaudemar de Jarrez, chamarrier, fut celui qui augmenta le plus les revenus de cette obédience. La famille d'Ampuis lui céda, entre autres, par acte du mois de juin 1225, tous les biens qu'elle possédait dans son mandement.

Le territoire de Condrieu s'étendait alors au-delà du Rhône. Ce qui compose la commune des Roches en dépendait. Ce hameau était peu considérable ; mais il devint bientôt un grand village lorsque les habitants furent parvenus à se faire distraire du Lyonnais. L'exemption des droits d'aide, de gabelles, etc., dont ils jouirent comme étant de la province du Dauphiné, y multiplia la population. Elle était déjà, en 1769, de 800 individus ; ils obtinrent, à cette époque, la permission d'établir une succursale, et firent bâtir une église. Cette commune comptait 2,000 âmes en 1827.

Ce fut au sujet des limites qui séparaient cette partie du territoire de Condrieu d'avec celui de Saint-Clair, qui lui était limitrophe, qu'il s'éleva, sur la fin du XIIIe siècle, des contestations entre le clergé de Vienne et celui de Lyon. Ces terribles guerres, qui rappelaient les persécutions des premiers martyrs, occasionnèrent des croisades de provinces contre provinces. Le comte de Forez (neveu de Renaud de Forez, archevêque de Lyon) recommença une guerre contre les chanoines de Lyon. Il vengea le peuple opprimé et comme anéanti, en attendant que les rois de France prissent sous leur protection les bourgeois qui excitaient encore cette guerre entre les vassaux du comte et ceux du chapitre, ce qui engagea le pape Urbain IV à interposer sa médiation pour faire cesser ces luttes meurtrières. Il commit l'archevêque de Tarantèse comme médiateur principal. Celui-ci examina les droits de l'église et les prétentions du comte. Sur le rapport de Guillaume de Salme, de Guillaume de Talaru, sacristain, et d'Aimon de Rivery, pénitencier, de Salomon, prêtre, et de deux autres témoins, le pape rendit la sentence arbitrale, datée du mois d'octobre 1255, qui porte en substance : « que les « péages, tant par eau que par terre, seront en « commun entre l'archevêque et le comte, « ainsi que les monnaies, la dîme exceptée, « qui appartiendra à l'archevêque seul. Il « est défendu au comte d'acquérir aucun « fief sur les terres de l'archevêque, et pa- « reillement à l'archevêque sur les terres « du comte. »

Cet accord, loin d'opérer l'effet qu'on en attendait, occasionna, au contraire, de nouvelles discussions ; les officiers de l'archevêque et ceux du comte cherchèrent à empiéter les uns sur les autres.

Les chanoines, prévoyant des guerres nuisibles à leur tranquillité et à leurs intérêts, consentirent à transiger avec leurs droits par un échange, les biens de l'église étant possédés en commun par l'ar-

65

chevêque et le chapitre, ce qui obligeait les
chanoines à intervenir dans la transaction
comme parties contractantes : « Le seigneur
« archevêque et l'église ont cédé au comte
« tout ce qu'ils possédaient au-delà de la
« Loire jusqu'à Urfé et Tiers, même le
« château de Rochefort.

« De la part du comte, il cède à l'église
« et à l'archevêque tout ce qu'il a de droits
« dans la ville de Lyon et de ses dépen-
« dances, ainsi que tout ce qu'il possède
« au-delà du Rhône jusqu'à Bourgoin. Le
« château d'Oing jusqu'à Ville-Chenève et
« Iseron, avec les hommages - liges, les
« seigneurs Saint-Simphorien et son man-
« dement demeurent dans les biens de l'é-
« glise, ainsi que le château de Riveri et
« son mandement jusqu'à Chatelus. Les
« deux châteaux de Saint-Chaumont restent
« dans les confins de l'église, excepté le
« chemin ou la levée du comte, depuis la
« croix de Mont-Viole jusqu'en Forez. Le
« mandement de Rochetaillée fut aussi com-
« pris dans les confins de l'église, ainsi que

5 .

« Malleval, Chavanay et Verleu, attenants
« au mandement de Condrieu, ancienne
« propriété de l'église, dont oncque n'a
« souvenance d'avoir vu autre posses -
« seur. »

Cet acte fut passé et signé des parties,
l'an 1255.

Ces notes intéressantes ne nous fe -
ront point oublier le passage à Condrieu
de Saint-Louis, roi de France, qui, arrivé
à Lyon le 5 juin 1249, reçut en cette ville
les hommages des comtes de l'église, qui
lui annoncèrent que, conformément *à son
ordre et bon vouloir*, ils s'étaient enquis
des mariniers les plus habiles de leur mandement de Condrieu pour conduire sur le
Rhône l'embarcation de Sa Majesté et de
son auguste famille, qui devaient rejoindre
l'armée à Aigues-Mortes. Les habitants de
Condrieu furent flattés de la confiance ac-
cordée à leurs compatriotes. Six grandes
barques, bien tendues en toile, reçurent
la famille royale, ainsi que certain nombre
de chevaliers et gens attachés à sa suite.

Les noms des conducteurs de ces barques sont ceux de : François Henry, Hugues Guy (1), Etienne Merlanchon, Pierre Chambaud, Jean Varry, Simon Vialet, lesquels, pour honorer leur pays, prirent leurs arrangements de façon à faire coucher l'illustre flotte à Condrieu, où tout avait été préparé pour la recevoir dignement; et, le lendemain, elle reprit le cours du Rhône, mais avec de nouvelles recrues, parmi lesquelles étaient les nobles et les chevaliers de Condrieu, qui, conformément à ceux de tout le royaume, avaient vendu leurs propriétés afin de réaliser les sommes nécessaires aux besoins du saint pèlerinage à la Terre-Sainte, que la plupart des nobles, à l'imitation du monarque, avaient entrepris en emmenant femmes, enfants et serviteurs.

Ce périlleux voyage, fait pour le soutien de la religion, semblait présager d'heureux

---

(1) Guy, archevêque de Vienne, qui fut aussi connu sous le nom du pape Calixte II, était très-près parent de ce même Guy, quoiqu'il fût fils de noble chevalier Guy de Condrieu.

résultats par les beaux jours dont il était favorisé. Mais le ciel en avait disposé autrement. Par l'imprudence de Robert, comte d'Artois, frère du roi, qui fut victime de sa trop téméraire audace, les soldats de la chrétienté eurent à souffrir de rudes épreuves dans des pays incivilisés. D'abord le massacre et la famine, puis des maladies contagieuses, causées par les premiers fléaux, puis le roi qui est obligé de capituler, et les débris de sa nombreuse armée qui se trouvent au pouvoir de l'ennemi, tous les malheurs enfin vinrent fondre sur les soldats de Louis IX. Le découragement était à son comble, et l'image de la mort avait son empreinte sur tous les visages. Les seuls qui ne se laissèrent point abattre furent un certain nombre de mariniers de Condrieu, à la tête desquels figurait le nommé Ober, dit Pille-Enfer.

Ces hommes énergiques entraînent avec eux les comtes de Vernon et de Virieu, leurs compatriotes, dont ils font leurs capitaines ; ils s'emparent de deux vaisseaux bien pourvus, et fondent sur Carthage, qu'ils mettent à contribution, et s'y établissent un certain laps de temps. Ils y vivaient en seigneurs opulents pendant la captivité de leur roi.

Enfin un traité fut conclu avec les Sarrasins, et, après que l'on eut payé la rançon convenue de trois cent mille marcs d'argent, l'ennemi rendit au roi sa liberté, ainsi qu'à ses compagnons d'infortune. Ils revinrent tous à Damiette, où ils avaient laissé leurs familles. Celle du roi s'était augmentée d'un fils, que la reine avait mis au monde pendant la captivité de son époux.

Mademoiselle Dianne de Vernon était aussi à Damiette avec un serviteur de confiance, qui était depuis longtemps attaché au service de son oncle maternel, le baron de Saint-Vallier, qui avait élevé cette nièce dès ses plus jeunes ans, époque où elle avait perdu sa mère, malheur qui, par un enfant, n'avait pas été compris, et qui ne lui semblait rien en comparaison du chagrin qu'elle avait éprouvé en voyant son oncle succomber sous le fer assassin des Sarrasins. Elle craignait le même sort pour son père, et sa douleur fut extrême quand, au retour des prisonniers, personne ne sut lui en donner des nouvelles. Il ne lui restait pour consolations que les sentiments religieux dont elle était remplie, et son fidèle serviteur Ucarisse.

La jeune fille commence d'abord par s'abandonner à toute la douleur de sa triste position, puis, par une inspiration toute divine, elle fait vœu d'aller visiter les saints lieux, et, avec Ucarisse, en habits de pèlerins, ils se rendent où le Sauveur du monde est mort pour nous. Ensuite, ils revinrent en France sous le même costume.

Diane n'eut pas le courage de retourner à Saint-Vallier. Elle se rendit à Condrieu, qu'elle avait quitté depuis l'âge de quatre ans; elle en avait alors dix-neuf. Quinze ans d'absence, son déguisement, le changement de son nom en celui d'Ita, la rendirent complétement méconnaissable.

C'est au commencement de mai 1254 que

nos pèlerins revolent le clocher et le château de Condrieu. A leur aspect, ils s'a-
genouillent, puis marchent droit à l'église.
Ils entrent dans le sanctuaire pour rendre
grâce à Dieu. Le prêtre (1) qui venait de
célébrer la messe, ayant aperçu les pèlerins
fatigués et couverts de poussière, voulut
absolument les emmener chez lui. Après de
nombreuses questions sur leur voyage, il
leur offrit quelques jours de repos en sa
modeste demeure.

Ita, qui ne voulait pas importuner longtemps le digne prêtre, s'inquiéta du lieu
qu'elle choisirait pour son exil. Ce choix
était difficile pour elle, qui voulait vivre
dans l'isolement, sans perdre de vue l'é-
glise et le château, berceau de son enfance, et où elle eût été bien reçue si elle
eût voulu se faire reconnaître ; mais, après
toutes les épreuves que le Ciel lui avait
envoyées, elle désirait employer sa vie à
faire le bien, et vivre pour Dieu, éloignée

---

(1) C'était un ancien moine du couvent, qui était chape-
lain au château.

du monde. Avec de tels sentiments, aucune habitation ne pouvait lui convenir. Elle fit donc choix d'un rocher escarpé dominant un bois, le château et une partie de la ville.

Ucarisse, à l'aide de branchages et de bois arrangés avec art, parvint, secondé d'un artisan, à faire dans l'antre de ce rocher une cellule bien abritée, et, à l'est, du côté le plus bas du rocher, il en fit une pour lui, afin de s'établir respectueusement comme serviteur et protecteur de la jeune fille.

Après cet arrangement, nos pieux ermites avisèrent aux moyens d'employer leur temps en œuvres méritoires. Ils avaient appris du révérend père Capus, celui qui les avait, le premier, si bien accueillis, que les prisons du château étaient encombrées de prisonniers faits dans les batailles causées par les différends survenus entre les églises de Vienne et de Lyon ; que les malheureux détenus étaient dans une grande détresse, et dépourvus des choses les plus urgentes.

Ita, qui, par les soins d'Ucarisse, avait conservé tout l'or que son père et son oncle avaient porté à Damiette, résolut d'employer une partie de ses richesses au soulagement des malheureux. Les prisonniers furent donc l'objet de sa première attention; mais les dons qu'elle leur offrait ne semblaient point remplir la tâche qu'elle s'était imposée. Elle voulut, par d'autres moyens, adoucir leur position. Ces malheureux, entassés dans de sombres cachots, ne pouvaient songer à la propreté du corps. Ita leur fournit les moyens de se donner cette jouissance. Cet ange de vertu, qui s'oubliait pour ne penser qu'aux autres, s'intitula le soutien des affligés.

Deux fois le jour, elle allait de son rocher aux prisons du château pour y panser les blessés, les peigner et leur donner tous les soins qui étaient en son pouvoir.

Les prisonniers l'attendaient avec impatience, et la voyaient toujours arriver avec un nouveau plaisir. Chacun criait à son approche : Voilà la bonne Ita ! voilà la bonne Ita! On aurait pu dire la belle, la gracieuse et l'angélique, car elle possédait toutes ces qualités ; mais le nom de bonne, qui qualifiait si bien ses actions, fut celui qu'on lui donna de préférence.

Il fallait, en effet, qu'elle fût bien bonne pour gravir, deux fois le jour, cette montagne qui n'avait aucun chemin tracé. Aussi lui arrivait-il d'avoir souvent les mains déchirées par les ronces pour préserver son visage de leur insulte.

Un jour surtout, effrayée par un serpent, son pied s'embarrasse, elle fait une chute, et arrive toute ensanglantée au milieu de ses protégés.

Cet événement leur fit d'autant plus de peine qu'ils attendaient la bonne Ita avec une joie inaccoutumée, afin de lui annoncer que plusieurs d'entre eux seraient libres ce jour-là, et que les autres le seraient bientôt.

A peine cet ange consolateur était-il entré dans la prison, que la cloche du château est ébranlée avec force, les portes s'ouvrent, et on annonce aux prisonniers qu'ils sont tous libres. Les visages s'illuminent de joie, mais ils s'obscurcissent à la pensée de ne plus revoir cette céleste fille. Ils songeaient à ce qu'ils pourraient faire pour lui être agréables, quand, à l'unanimité, chacun s'écrie : Il faut lui faire un chemin.

Les quarante libérés, avec l'autorisation du châtelain, se mettent à l'œuvre, et ne quittent l'ouvrage qu'après avoir achevé cette route qui fut nommée LA CÔTE DE LA BONNE ITA, *Coutâ Bonnitâ*, dont le langage épuré a fait, sans qu'on sache pourquoi, le nom de CÔTE BONNETTE, (en patois : *Coutâ Bonnetâ*).

CHAPITRE VI.

—

GUERRE CIVILE.

Laissons un instant notre héroïne sur son rocher, et voyons avec peine cette guerre ouverte entre les habitants de Condrieu et ceux de Saint-Clair. Les deux églises arment pour soutenir leurs vassaux. 10,000 hommes, sortis de Vienne, attaquent Condrieu, dont ils s'emparent, ruinent le château, pillent la ville et ravagent les environs.

Le bailli de Mâcon, instruit de cet événement, vient venger l'injure faite aux habitants de Condrieu. Il lève des troupes, traverse le Rhône, et met le siége devant le château de Saint-Clair. Les assiégés se défendent avec la plus grande obstination ; mais le commandant ayant été tué dans un assaut, le bailli se rend maître de la place, passe au fil de l'épée la garnison, détruit le château et incendie le bourg, de même que l'église.

Le résultat de cette bataille fut très-désavantageux à l'église de Vienne, qui, malgré cela, ne cessa pas toutes hostilités. On se battit encore en plusieurs rencontres, le sang coula de nouveau; il y eût des prisonniers de part et d'autre. Allemand, de Condrieu, archidiacre de Vienne, fut de ce nombre; mais il sut mettre à profit sa captivité pour être utile à son pays. Pendant son séjour à Lyon, il disposa les esprits à la paix. Les archevêques de Lyon et de Vienne furent choisis pour arbitres; ils s'abouchèrent et mirent un terme à cette guerre scandaleuse.

A peine ce dernier traité fut-il fait, que les habitants de Givors et de Loire tombèrent à leur tour sur ceux de Condrieu, ayant à leur tête une compagnie de gendarmes bretons. Les Condrillots les repoussent jusqu'au château de la Chance (1),

______

(1) Le fief de la Chance était envié par le clergé de Vienne et celui de Lyon. Le comte, par ce motif, n'ayant voulu le céder à aucun parti, fut victime de tous les deux.

(*près des Ayes*), et là, cette malheureuse bataille s'engagea avec plus d'acharnement. Le château fut entièrement détruit. Le comte de la Chance perdit la vie, et Guigues de Verleu, son beau-frère, fut grièvement blessé.

Les Givorsins et leurs alliés, qui avaient à leur tête un capitaine breton, nommé Ronchard, se regardaient comme vain-queurs en jetant les yeux sur cette troupe mal organisée des habitants de Condrieu, qui, privés de leurs nombreux et valeu-reux chevaliers par l'expédition de la Terre-Sainte, n'avaient à leur tête, en ce moment, que le jeune d'Hillion, damoiseau, qui était appelé vulgairement le Marmousin, à cause de sa petite taille, mais qui était relevée par un grand courage. Ronchard avait déjà essayé de l'abattre plusieurs fois, lorsque, de sa hache, il allait lui fendre la tête, le Marmousin, par un coup d'adresse in-croyable, lui abat le poignet. Ronchard se défend encore de la main gauche ; il blesse le damoiseau, qui, sentant ses forces s'épuiser,

retourne à Condrieu pour les ranimer. Ronchard, comme un lâche, suit le Marmousin
dans le chemin qu'il trace de son sang (1);
il espère pouvoir achever de l'assassiner,
quand, à son tour, il est assailli par des
paysans, qui le poursuivent jusque dans
une vigne, où il tombe épuisé par ses blessures, et il meurt sans secours. Ce traître
est resté immortalisé par la vigne dont il
fut l'engrais, et qui porte le nom de *Ron-
charde*. Le Marmousin, après avoir fait
panser ses blessures, soulève les femmes
et les enfants de douze à quinze ans, et,
comme cela arrive souvent encore, nombre
fit force.

On remarqua, dans cette mêlée, la fameuse Jeanne Rousset, qui, pour toute
arme, ne se servit que d'une chaise de
bois (2). Ce fut à son adresse et à son com-

---

(1) Ce chemin a toujours porté le nom de *Côte de Marmousin*.

(2) Cette chaise était le principal meuble d'un bûcheron,
chez lequel elle avait été prise. Le propriétaire l'ayant ré-
clamée après le combat, il la déposa à la porte de sa chau-

mandement que l'on dut la victoire (1); mais les pauvres Condrillots, malgré leur victoire, étaient dans un état déplorable.

---

mière en signe de glorieux trophée, et cet objet, qui portait alors le nom de *selle*, le donna à son propriétaire et à ce lieu qui l'a toujours porté depuis.

(1) Le dernier assaut où Jeanne tua un gendarme ainsi que Jean Chevrière, de Loire, se donna en un lieu qui, depuis, a été appelé la JAYÈRE, à cause de Jeanne qui, disait-on, avait ÉJAYÉ l'ennemi, *éjayé* ou repoussé l'ennemi.

6

CHAPITRE VII.

MALADIE ET MARIAGE D'ITA. — RETOUR DE M. DE
VERNON. — UCARISSE ERMITE.

Le chapitre et l'archevêque de Lyon ayant
appris les guerres de leur mandement, en
appelèrent au roi, qui demanda main-forte
au comte de Villars, en l'appuyant de quelques troupes levées par le bailli de Mâcon.
C'est alors que, vu la nécessité de se tenir
dans un continuel état de défense, fut créé
le fief du Rozey, où fut établi Charles de
Villars, baron du Rozey (1). A ce dernier
titre je m'arrête pour retrouver l'intéressante Ita, qui, après le départ des prisonniers, vivait dans sa paisible retraite,
visitée quelquefois par le père Capus, au-

----

(1) Le baron du Rozey mourut sans enfants mâles, mais ses
frères propagèrent l'illustre nom des Villars.

Honorat II, de Savoie, comte de Villars, oncle maternel
de François Ier, était issu de cette famille.

quel elle avait fini par se faire reconnaître.

« Ah ! mon père, lui disait-elle un jour, que le Ciel m'a fait un grande grâce de pouvoir vivre ignorée dans cette solitude, si, par ce moyen, plus agréable à Dieu, j'avais pu obtenir le bonheur de conserver l'auteur de mes jours. Cette pensée est de tous les instants, et la nuit encore semble faite pour m'amener des songes que je serais tentée de prendre pour d'heureux présages. »

— Défiez-vous de ses pensées, disait le pieux abbé, ce vain espoir pourrait vous empêcher de prier pour le défunt. Sur cette terre, il n'est que trop mort pour nous; mais il est une autre vie où vous aurez le bonheur de le revoir. Le comte est mort en combattant pour la religion; nous ne devons point douter qu'il ne soit au nombre des élus. » Ce disant, le vieux abbé prenait son bâton, continuait sa promenade, qui avait pour but de visiter le château qui se construisait non loin de là.

Ita aussi avait l'habitude de se promener en cet endroit; mais ce qui y attirait le bon abbé était justement ce qui en éloignait la jeune fille. Avant que ce lieu ne fût encombré par les ouvriers employés à cette construction, c'était là qu'Ita venait annoncer la parole de Dieu aux bergers d'alentour; c'était là aussi que Charles de Villars venait passer de doux instants, caché dans les broussailles. Il retenait jusqu'au moindre de ses soupirs pour ne pas être aperçu de cette vertueuse fille, qui, à l'ombre d'un très-grand rosier sauvage, apprenait à des êtres, presque sauvages aussi, les douceurs de notre sainte religion qu'elle eût fait aimer aux plus idolâtres.

Le chevalier, par ses entrevues secrètes et indiscrètes, avait appris à connaître, à aimer et à apprécier mademoiselle de Vernon, qui, avec toute la simplicité de sa mise, n'avait pu réussir à cacher la femme de distinction.

Charles se plaisait souvent à en parler au père Capus, qui, sans trahir le secret qui lui avait été confié, se contentait de répondre au jeune homme :

« Je serais tenté de croire, comme vous, que c'est une fille de noble famille, que l'homme qui habite près d'elle n'est point son père, comme le vulgaire le croit, mais qu'il est plutôt son valet. Avec la découverte de ce mystère, si vous n'étiez pas guidé par trop d'ambition, vous pourriez faire un mariage digne de plaire à Dieu.

Laissons quelques instants le noble chevalier brûler d'amour, et transportons-nous à l'ermitage de la pauvre Ita, qui était dangereusement malade. Les soins que, pendant quelques mois, elle avait administrés aux prisonniers de la tour, étaient pour elle une pieuse distraction qui semblait nécessaire à son existence. Ses rêves ne lui retraçaient que de malheureux exilés, au nombre desquels elle voyait son père recevoir aussi les soins d'un ange consolateur. C'était donc et pour Dieu et pour son père qu'elle rendait service aux infortunés. Ces pénibles soins lui étaient devenus une occupation nécessaire dont elle était privée.

Si, au moins, pour construire une seigneurie, on ne se fût pas emparé et de la place et du beau rosier qui servait de bannière aux adolescents qu'elle prenait plaisir à catéchiser; si on ne lui eût pas enlevé ces jolies roses, dont la suave odeur lui donnait de si douces pensées, fleurs chéries que, par une gracieuse distraction, elle aimait tant à éfeuiller, se rendant par là, sans s'en douter, l'hommage dû à une créature céleste! Mais privée de tout, et livrée plus que jamais à ses tristes pensées, la bonne Ita tombe dans un tel état d'accablement, que rien ne peut la ranimer.

Elle est en proie à un délire continuel; la fièvre la dévore; son oncle est au ciel! Elle le voit! Elle lui parle! Il est entouré d'anges!... Son père revient... Il est sur un vaisseau! Il commande! Il est bien vêtu! Il est riche! Elle pourra faire des bonnes œuvres.

Mais la soif la dévore. Elle brûle! A boire, Ucarisse, à boire! s'écrie-t-elle.

Ucarisse, assurément, était un très-bon

serviteur, mais malheureusement un mauvais infirmier.

Il se contentait de regarder mademoiselle de Vernon; il la trouvait plus belle que jamais; il était dans une espèce d'extase...

— A boire! je brûle! répétait toujours celle-ci.

Ucarisse se décide; il prend sa cruche pour aller quérir de l'eau.

Le père Capus arrive; il parle à Ita, mais ne peut se faire comprendre. Elle est au ciel, près de son oncle, et sur le vaisseau qui ramène son père.

Le serviteur revient. Il était resté plus qu'il n'aurait voulu, parce que la gelée ayant desséché les sources ordinaires, il avait été obligé d'aller jusqu'à une autre source dont on ne faisait pas usage à cause de son goût peu agréable; mais force fut de s'en contenter.

Enfin il présente à boire à sa maîtresse.

Elle boit avec délices, et veut boire encore! Elle boit toujours! Elle boit la cruche entière!...

Presque aussitôt un sommeil bienfaisant semble tranquilliser son corps et ses esprits. Le père Capus retenait sa respiration. Ucarisse n'osait rien dire. Je crois que tous les deux s'étaient aussi endormis......

Un soupir sort de la poitrine de la jeune fille, elle ouvre les yeux, et reconnaît le bon abbé.

— Le comte de Vernon est près d'ici, lui dit-elle, et nous le reverrons bientôt....

— Calmez-vous, mon enfant, dit le bon prêtre. Oui nous le reverrons tous un jour.

— A boire ! répétait encore Ita au serviteur qui entrait avec une seconde cruche d'eau.

Il lui donne encore de cette tisane salutaire, et elle se rendort...

Le père Capus se retire à bas bruit, trouvant la malade mieux qu'à son arrivée, et l'infirmier continue à lui servir le même breuvage.

La fièvre cède à ce remède providentiel ; mademoiselle de Vernon est sauvée...

Pendant qu'Ucarisse s'acquittait si bien

de son devoir de garde-malade, le père Capus se promenait dans la ville, visitant ses vieilles connaissances et les malades, comme il en avait l'habitude.

Il apprend qu'il était bruit dans le pays d'une nouvelle qui réjouissait les habitants.

Les sires de Virieux et de Vernon, que l'on croyait morts, arrivaient, disait-on, avec de grands trésors; le Rhône, assez gros en ce moment, leur a permis d'arriver jusqu'ici avec leurs navires.

A cette nouvelle, que le pieux moine peut à peine croire, il court à la recherche de M. de Vernon.

Il le trouve. Les vieux amis se reconnaissent. Le comte s'informe avec anxiété de sa fille bien-aimée, dont il n'a pas eu de nouvelles depuis bien longtemps. Le moine le rassure. M. de Vernon va donc enfin retrouver sa fille après une longue et cruelle séparation ! Non ! ce ne sera plus un rêve !... Ita embrassera son père !...

Nous avons laissé Ita paisiblement endormie lorsque le bon prêtre, quittant sa chaumière sans bruit, l'abandonna encore à la merci du bénévole Ucarisse, qui, au lieu de s'occuper des soins à lui donner, se contentait de la regarder avec admiration, et de la trouver toujours plus belle. La distance qui séparait la maîtresse du valet semblait, aux yeux de celui-ci, avoir été franchie par les malheurs et la maladie. Celle qui, jusqu'alors, ne lui avait inspiré qu'un amour respectueux, était devenue pour lui l'objet d'une passion violente, qu'il espérait bientôt pouvoir satisfaire. Il en était à ces orgueilleuses réflexions, appuyant audacieusement une main convulsive sur le lit de la malade, ce qui lui faisait oublier le pain et le fromage que tenait l'autre main accolée le long de son corps immobile comme celui d'une statue, quand un incident vint le tirer de son ébahissement.

C'était le petit chien noir du père Capus, qui, entré dans la chaumière, et alléché par le fromage, s'en était emparé sans respecter les doigts qui le retenaient, ce qui occasionna un cri de douleur au malencontreux infirmier, et réveilla la jeune fille; elle ouvrit les yeux et les porta sur le père Capus, qui entrait en ce moment. — C'est vous, mon père, lui dit-elle avec un air de bonté, mon songe n'a eu que la moitié de sa réalité. Je rêvais que je vous voyais entrer avec le comte de Vernon.

— Tranquillisez-vous, mon enfant, dit le vieux moine. J'espère qu'en effet vous reverrez bientôt le comte... Le vaisseau qui l'a amené a touché le port de Condrieu. Je l'ai devancé près de vous afin que vous ne soyez point trop surprise par une brusque arrivée.

— Non! je ne serai point surprise, répond Ita. Le ciel me rend ce qu'il m'avait promis. Je suis guérie!...

Ces paroles étaient à peine achevées, que la chère enfant se trouvait dans les bras de son père. Le bon abbé, qui avait eu soin de faire préparer pour Ita une chambre au château, eut aussi l'attention d'amener des gens pour l'y faire transporter avec toutes les précautions qu'exigeait son état.

Ce n'est plus maintenant la pauvre Ita du rocher, c'est la belle Diane de Vernon, entourée des honneurs dus à son rang. La simplicité de son riche costume relève l'élégance de sa tournure ; ses longs cheveux noirs, qui ombrageaient sa figure et retombaient sur ses épaules comme un voile de deuil, sont désormais relevés gracieusement, arrondis en chignon, et couronnés galamment par une barbe en dentelle.

Commé tout ce que porte une jolie femme est trouvé bien, les Condrillottes, à l'unanimité, prirent bientôt la fantaisie de se coiffer à peu près de même, et c'est de là qu'est venue l'invention de la coiffe à chignon qu'ont portée les *jolies Condrillotes* jusqu'au moment où les mauvaises langues leur ont supprimé cet adjectif.

Le comte de Vernon, après l'émotion causée par la première entrevue, raconta à ses amis les circonstances de son périlleux voyage dans le pays des Infidèles. Le séjour, quelui etses compagnons d'infortune avaient fait à Carthage, leur avait, je ne sais trop comment, servi à amasser de grandes richesses. En Espagne, ils avaient eu encore quelques chances heureuses, et la plus heureuse de toutes, c'était le retour dans leur patrie.

Le comte, après avoir témoigné son amitié à Ucarisse, l'assura d'une reconnaissance éternelle; celui-ci n'osait rien répondre, comprenant combien peu ses sentiments à la fin en avaient été dignes.

Le malheureux alors est en proie à d'affreux remords. Il retrouve toute la distance qu'il y a entre lui et ses maîtres. Il n'ose plus se présenter à eux; sa pensée criminelle le poursuit partout; rien ne peut adoucir l'amertume qu'il en éprouve, pas même le bon moine, qui, en ami et en confesseur, est le dépositaire de son pénible secret.

Ucarisse, naturellement vertueux, mais toujours chagrin d'avoir osé porter aussi haut d'autres sentiments que ceux inspirés par une amitié respectueuse, résolut d'en faire pénitence le reste de sa vie en s'ensevelissant dans un ermitage. Mais ce n'est point le rocher de la *bonne Ita* qu'il se permettra de choisir pour dernière retraite; il le regarde comme un sanctuaire dont il est indigne d'approcher; sa cime, d'ailleurs, regarde le ciel, duquel il n'osera se croire digne qu'après une longue pénitence dans un antre sauvage.

Ucarisse prend donc la tunique d'ermite; un bâton à la main, il suit la route où son bon ange le conduit.

Après quelques minutes de marche, il traverse ce majestueux pont (1) qu'avait fait construire Néron; plus loin, il est arrêté par une compagnie de pastoureaux, qui, après avoir pillé et brûlé Loire, avaient l'intention d'arriver sur Condrieu. L'ermite les détourne de ce projet, les appitoyant, au contraire, sur l'état de pauvreté et de détresse des habitants de ce pays.

---

(1) Les ruines qui existaient de ce pont reposaient sur la propriété de Madame Reverdy, qui les a fait detruire.

Persuadée par le récit de l'ermite et éclai-
rée par un ciel paré de ses plus brillantes
étoiles, la troupe campe au lieu où elle
se trouve. De grands feux font rôtir les
moutons volés à Loire, puis on fait la soupe
et d'autres mets à l'aide d'une quantité de
marmites de terre, appelées tupins, qui
avaient été prises dans une poterie du
même lieu. A ce repas succéda une orgie
dont nous n'oserions faire la description.
Tout ce que l'on peut dire, c'est que les
pastoureaux cassèrent et entassèrent tellement de tupins, que le nom de *Tupin* en
est resté au lieu où s'est passée la scène
dont Ucarisse fut l'involontaire témoin.

Quand toute cette troupe fut plongée
dans un profond sommeil, l'ermite retourne
sur ses pas, monte le long d'un ruisseau,
et finit par s'arrêter dans un bois où il
trouve une petite grotte (1) que des bergers
avaient commencé de creuser. Il achève
de lui donner une profondeur qui lui per-

____

(1) Cette grotte existe encore aujourd'hui sur la droite du
ruisseau de Bassenon, dans la propriété de Madame Reverdy.

mette de s'y loger, et c'est là que, pendant trente ans, il a pleuré les honteuses pensées de quelques heures.

Pendant ce drame si accidenté, Charles de Villars, tout en achevant la construction de son château, avait été vivement peiné de la maladie de celle à laquelle il portait un si vif intérêt.

Cependant le bon moine, qui avait eu l'attention de l'informer de ses nouvelles, n'avait pas oublié de lui conter sa guérison, miraculeusement opérée par une source d'eau minérale que le hasard avait fait découvrir.

Bientôt il ne fut bruit dans le pays et les environs que de l'ermitage et de la source de la *Bonne Ita;* les malades en foule vinrent en pèlerinage à l'un, puis en confiance à l'autre, et tous s'en retournaient guéris.

Pendant longtemps cette source bienfaisante a rendu de grands services; mais les éboulements de terrain, survenus à la suite de grandes pluies, ont enseveli cette eau salutaire (1). Les propriétaires de ce lieu n'ont pas osé risquer la dépense nécessaire pour rétablir cette source, et les gouvernements, qui n'ont jamais eu souvenance de Condrieu que pour en percevoir des impôts, ont à se reprocher cette inexcusable négligence.

En attendant une administration qui nous soit plus favorable, entrons, quelques instants, à la chapelle du haut château de Condrieu, illuminée de mille cierges qui brûlent en l'honneur du mariage que bénit le père Capus, unissant Charles de Villars à l'inappréciable Diane de Vernon, qui prend le titre de baronne du Rozey (2), titre obtenu par l'époux à cause du rosier qui, en ombrageant les traits de sa fiancée, lui avait si bien découvert ses qualités. Si nos poètes ont changé le nom de cet arbrisseau pour la bonne harmonie de leurs

---

(1) Avec très-peu de frais on pourrait faire revivre cette source bienfaisante.

(2) Ce n'est qu'au XIVme siècle que cet arbrisseau prit le nom de rosier au lieu de celui de rozey.

chants, le château du Rozey, qui n'a pas été chanté, quoiqu'il fut enchanteur, a conservé son nom, qui lui a été religieusement gardé par ses successifs propriétaires. Il en a compté huit depuis le baron, mort sans enfant mâle. Le neuvième, qui, aujourd'hui, est M. Pichat, a rappelé le règne des Villars.

Par souvenir sans doute pour la belle et vertueuse baronne, il a eu le soin d'embellir ses immenses plantations d'une foule de jolis rosiers, dont la fleur est destinée à parer le sein de la beauté quand l'arbrisseau ombragera ses charmes.

Rendons hommage à ce galant chevalier, qui en honorant la créature de Dieu, n'oublia point le créateur, puisque sa piété l'a porté, en faisant reconstruire son château, à faire aussi rétablir une chapelle sous le vocable de *Notre-Dame-du-Rozey*, où les pasteurs d'alentour viendront prier pour la prospérité de leurs troupeaux, et les voisins pour la conservation de ce dernier propriétaire. Nous rappellerons ici un ancien usage du fief du Rozey, et qui fut maintenu par acte du 17 janvier 1429. C'était une obligation qu'avait contractée le propriétaire du Rozey d'offrir solennellement, chaque année, à l'église de Condrieu un très-gros pain bénit. Cette offrande avait longtemps été maintenue comme étant le prix d'abonnement de la dîme de ce domaine. Ce n'est qu'à la révolution qu'elle a cessé d'avoir lieu; mais elle s'accepterait encore si on voulait la présenter.

CHAPITRE VIII.

DÉSORDRES COMMIS PAR LES GRANDES BANDES. — PRI-
VILÉGE DE LA CHASSE.

Condrieu eut encore à gémir des excès auxquels se livrèrent les grandes bandes durant plusieurs années.

On appelait ainsi des troupes d'aventuriers, soldés par la France et l'Angleterre, et qui, ayant été licenciés après la paix de Britigny, se formèrent en différents corps, ravagèrent le royaume, et y commirent les plus grands désordres.

L'une de ces bandes, connue sous le nom de *Tard-Venus*, se jeta dans le Lyonnais, et occupa pendant quelque temps le château de Brignais et celui d'Anse.

Elle chercha à forcer Condrieu ; mais elle ne réussit pas dans son dessein à cause de la ferme contenance des habitants. Elle pilla la campagne et y commit les plus grands dégâts.

Un acte capitulaire du mois de juin 1382 nous apprend que, dans le courant du mois d'avril précédent, les habitants de Condrieu avaient dérouté une compagnie de gendarmes bretons du roi de France; que, pour réparation de ce délit, on avait fait citer, tant le chapitre de Lyon que les citoyens de Condrieu, devant le bailli de Mâcon qui les condamna solidairement à quelques amendes pécuniaires.

L'ordre public, une fois troublé, se rétablit difficilement. La ville de Condrieu continua encore à demeurer en proie aux ravages de ses ennemis. Sa situation sur les frontières du Forez et du Dauphiné, sa dépendance de l'église, et la fertilité de son territoire, étaient autant de causes pour y attirer les gens de guerre.

Les habitants avaient le continuel tourment de se procurer de l'argent pour réparer les murailles de la ville et le château.

Une enquête faite eut pour but de déterminer les hommes qui étaient tenus de faire le guet, et, en 1392, le chapitre confia les fonctions de châtelain de Condrieu à noble Guillaume d'Albon, chevalier-bailli de la terre et baronnie de l'église. Le choix d'un personnage aussi distingué, et les précautions que l'on prenait pour mettre la ville en état de défense, établissent combien elle était exposée aux insultes de l'ennemi.

De tous les temps les habitants de Condrieu jouirent du privilége de la chasse, ce qui, plus d'une fois, occasionna des différends avec les seigneuries du voisinage. On cite, à ce sujet, une partie de chasse faite en 1399 par douze habitants dans leur territoire au-delà du Rhône. C'était Imbert de Grolée, sénéchal de Lyon, le comte Perdriac, André de Panne, Jean de Ribory, Mathieu de Veronney, Pierre-le-Pont, François-le-Faure, Hugues Geofrin, Guy, chevalier, Jacques Doileu, Nicolas Blancheri et Simon Garin.

L'un d'eux, poursuivant un cerf, avait

imprudemment dépassé ses limites, et il était entré sur les terres de Jean de Châlons, seigneur d'Auberives. Son châtelain, noble Guillaume de Chivalet, l'ayant aperçu, ordonne que l'on saisisse le coupable, et l'enferme, ainsi que ses chiens, qui furent nourris de la viande du cerf. Le chasseur conserva seulement la tête et la peau.

Pendant la réclusion d'Imbert de Grolée, (car c'était lui) Guillaume fit saisir, par forme de représailles, tous les biens et droits que les habitants de Condrieu possédaient dans le mandement d'Auberives. Il en fit même proclamer la vente, et ordonna que les habitants et les autres justiciables de l'église de Lyon, qui se rendraient dans le ressort de sa châtellenie, soit pour cultiver leurs fonds, soit autrement, seraient arrêtés et mis en prison. Le chapitre, pour arranger cette affaire, se vit encore contraint de recourir au bailli de Mâcon, qui, cette fois, arrive en toute hâte, et prescrit de ne donner aucune suite à cette affaire. Il se fait conduire vers le prisonnier, accompagné de Guillaume de Chivalet. A l'approche de leurs voix et au bruit de leurs pas, Imbert avait jeté la peau du cerf, ainsi que son surtout sur un objet qu'il désirait cacher ; mais Guillaume, apercevant les cornes de l'animal, croit le trouver en entier, et s'écrie avec une sorte de satisfaction : Au moins, j'espère avoir le gibier puisque votre seigneurie a annulé mon procès !

— Oui, dit le chasseur sans trop se troubler, je comptais en effet vous en faire hommage.

Ce disant, il tire son couteau et détache la tête qu'il présente au châtelain ; mais celui-ci, peu satisfait, croit trouver le cerf en entier ; il va pour s'en saisir, mais il ne trouve que la peau du quadrupède qui servait, ainsi que le surtout, à cacher une jeune beauté venue pour consoler le prisonnier. C'était la timide châtelaine, dont le mari avait fait tant de bruit pour recevoir (comme le disait plaisamment ses amis) la décoration de *Chevalier Cornard* (1).

____

(1) C'est de cette époque qu'est venue l'épithète de *Chevalier Cornard.*

Peu d'historiens ont parlé de cette aventure, qui, sans la prudence du bailli de Mâcon, eût coûté l'entière destruction de Condrieu.

Une sentence rendue par Roger Rodier, damoiseau, châtelain de Condrieu, en date du 21 janvier 1437, les maintient dans le droit de chasser à la grande bête, dans l'étendue du mandement de Condrieu, conformément à leurs priviléges, et il rappelle un autre jugement en même forme de l'année 1413.

Les mêmes habitants obtinrent encore, le 2 janvier 1448 et le 29 mars 1456, deux jugements de même forme contre le cellérier du chapitre. Le dernier ordonna même qu'on restituât les filets pour prendre les perdrix, qui avaient été enlevés par le garde. Le roi Charles VII, par ses lettres du 18 août 1452, voulut limiter ce privilége, afin que les cultivateurs n'abandonnassent plus leurs travaux, comme ils le faisaient, pour se livrer au plaisir de la chasse. Il défendit, sous diverses peines, à toutes personnes, (les nobles et les gens d'église exceptés), de chasser à la *grosse bête ou menue, en garennes ou dehors, et de tenir des chiens, furets, cordes, lacs, filets, tonnelles, ni autres engins,* autorisant le seigneur, dans l'étendue de la justice duquel les délinquants se trouveraient, de les leur ôter sans aucune répréhension, à moins qu'ils ne s'en servissent pour garder leurs récoltes.

Le chapitre fit exécuter très-rigoureusement cet édit qui fut publié à Condrieu le 17 janvier suivant. Cette rigueur donna lieu à de nouvelles difficultés, et un jugement du lieutenant-sénéchal de Lyon, en date du 13 mai 1458, permit aux habitants de cette ville de chasser à toutes sortes de bêtes : « pour empêcher, est-il dit, qu'elles ne mangent les blés », néanmoins, jusqu'à ce qu'il en fût autrement ordonné. Geoffroy de Montchenu leur permit encore, le 24 janvier 1459, sur la demande de Jean Béranger, leur procureur-syndic, de chasser à la grosse bête jusqu'au carnaval. Enfin, le chapitre, par sa délibération du 29 juillet

1460, mit fin à toutes les difficultés que la chasse avait fait naître, en permettant aux habitants de chasser à toutes sortes de gibiers, excepté à la perdrix. Le procureur de la commune accepta cette condition, et renonça même à tous les procès qui existaient avec le chapitre à raison de ce. Ce privilége subsista jusqu'au moment où les ordonnances de nos rois l'ont restreint à la seule noblesse.

CHAPITRE IX.

BATAILLES DE RELIGION. — L'ILE DE LA CHÈVRE. —
LA LIGUE. — RÈGNE D'HENRI IV.

Vers la fin du règne de Charles VII, les peuples respirèrent un peu ; mais cet état de choses ne dura que jusqu'à l'époque où les erreurs de Calvin se répandant en France, vinrent y allumer de nouveau les feux de la guerre civile.

En mai 1562, les protestants s'emparèrent de Condrieu ; mais les catholiques le reprirent, trois mois après, sans beaucoup de peine. En octobre 1567, les protestants s'étant de nouveau rendus maîtres de Vienne, Condrieu ne tarda pas à rentrer en leur pouvoir. Ils y commirent de grands ravages. L'église, le haut-château de la ville, celui de Saint-Pierre, le châtelet de Vernon, celui de Lavalette, de Charnevol,

et celui des Tours-Linet furent entièrement
ruinés, ainsi que maints autres édifices.
Les habitants, réduits à cet état de détresse,
ne se découragèrent point; forcés d'abandonner leurs demeures, ils se renforcèrent
sur les hauteurs de Condrieu, puis ils atta-
quèrent si bien leur ennemi, qu'ils le for-
cèrent à abandonner la place pour se replier
sur Vienne.

Comme le Rhône, sorti de son lit, inon-
dait la plaine et les chemins, cela mit quelque entrave à la retraite des protestants.
Les Condrillots, qui les poursuivaient toujours, eurent la fantaisie de les attaquer vers
le ruisseau du Grand-Pont. Mais ils en ré-
férèrent à Montluc, évêque de Valence,
qui, on ne sait pourquoi et comment, se
trouvait dans cette mêlée.

Le prélat, plus expérimenté, leur con-
seille d'arriver sur le mont avant d'attaquer. En effet, ils se rendirent sur une
éminence qui dominait la plaine. L'évêque
arma nos catholiques d'un nouveau courage par une invocation à la Vierge, dont

une toute petite statue servit d'étendard. Le combat s'engagea, et les protestants furent mis en pièces. Ce mont fut appelé le Mont-de-la-Vierge, où fut érigée une chapelle en son honneur, qui fut confiée aux soins d'un pieux ermite. C'est au bas de ce mont (*Bassenon*) que furent pratiquées de grandes fosses pour enterrer les protestants, victimes de leur audacieuse attaque, et cet endroit, regardé comme souillé d'un sang impur, fut assigné pour les exécutions judiciaires. L'ermite de ce mont (*Semon*) se chargea de la sépulture des pendus.

Nous croyons devoir aux prières de ce bon ermite le miracle que le ciel fit, l'année suivante, pendant une inondation du Rhône.

En face de cet ermitage il existait une très-petite île occupée seulement par des broussailles et quelques peupliers venus par hasard. Le fleuve, hors de son lit, entraînait sans ménagement tout ce qui se rencontrait sur son passage. Les habitants d'une petite ferme, sise près d'Ampuis, se voyant menacés d'un aussi grand danger, voulurent se confier à une grande barque, où ils mirent d'abord ce qu'ils possédaient de plus précieux; mais malheureusement la barque, mal attachée, fut entraînée par le courant de l'eau, et lorsqu'elle fut tout à fait en face de l'ermitage, un cheval ombrageux la fit chavirer.

L'ermite, témoin de cet événement, pria avec ferveur pour les victimes qu'il ne peut apercevoir. C'était difficile, en effet, car le fermier et sa femme n'eurent pas le temps de s'embarquer. Leur maison s'écroula presque au moment où la barque quittait le rivage. Lors du naufrage, le cheval aborda, je ne sais où, et une chèvre, dans le choc, sauta épouvantée dans un grand bahut non couvert, qui contenait un peu de farine et un enfant dans un berceau. Cette petite arche de Noé vint s'enlacer dans les arbres de cette petite île. La chèvre se nourrit des quelques feuilles qu'elle put atteindre aux branches d'arbres, sans doute aussi de la farine, et, probablement, fatiguée de l'abondance de son lait, elle en allaita l'enfant, qui fut nourri ainsi pendant deux jours.

Si on le laissa abandonné pendant ce temps-là, c'est que, caché par le bahut, on ne pouvait l'apercevoir, et que personne ne voulait s'exposer pour la pauvre chèvre. Heureusement le Rhône se retira, et, en allant faire une visite à la chèvre, on aperçut le petit orphelin. C'est le jour de Saint-Bernard que le ciel sauva ce second Moïse, et c'est du nom de ce saint que fut appelé cet enfant, qui, selon le vœu du bon ermite, sut se rendre digne du miracle que Dieu fit pour lui. Il fut le père d'une nombreuse famille, qui ne s'éloigna point du lieu où le ciel l'avait placée, et qui jouit toujours d'une estime méritée (1).

Quant à la chèvre, le Rhône s'étant retiré, elle resta propriétaire de l'île qui en porte le nom. Ce fut à cause d'elle qu'un vieux célibataire s'y établit. Les plantations

---

(1) Il est probable que les Bernard de Tupin sont de cette famille.

qu'il fit agrandirent beaucoup cette propriété, qui aujourd'hui est considérable,
et porte toujours le nom d'*Ile de la Chèvre*.

CHAPITRE X.

ORIGINE DE SAINT-PIERRE-DE-BOEUF.

L'état d'agitation où se trouvait la France exigeait que chaque endroit se mît en garde contre les surprises. Un acte capitulaire du 8 juillet 1570 porte que M. de Mandelot, gouverneur de la ville de Lyon, tenait des soldats à Condrieu ; mais que ceux-ci, loin de rendre service à la ville, commirent des dégradations inouïes. Ils abattirent la chapelle, brûlèrent des meubles, ainsi que le pont par lequel on entrait dans la grosse tour. On assure même que des gens du pays eurent la témérité de partager ces excès de désordres, ce dont ils semblèrent être punis peu de temps après par un événement providentiel. C'est dans le courant d'octobre de cette même année que, pour clore une joyeuse journée, et fêter une abondante récolte, les vendangeurs et les vendangeuses parcouraient les rues en dansant au son du tambourin. La lune qui, ce jour-là, devait éclairer la terre, sembla bannie des cieux pour punir les mortels.

Le ciel devint noir; le tonnerre grondait avec fureur, et un épouvantable ouragan renversait tout ce qui semblait vouloir lui opposer résistance; la voûte des nuages s'ouvrait à chaque instant pour laisser échapper d'effroyables éclairs; la foudre éclata en divers endroits; des trombes vinrent se mêler à une pluie abondante, et, en peu de temps, le ruisseau d'Albuet fut changé en un torrent. Dans son rapide cours il entraînait de gros arbres et roulait d'énormes rochers, qui, fendus par la foudre, s'étaient détachés des montagnes et avaient été précipités dans l'abîme.

Le rocher de la Bonne Ita, qui s'avançait presque perpendiculairement au-dessus du ruisseau, se détacha avec fracas, et la partie qui tomba dans le gouffre entraîna avec elle les constructions de défunt Ucarisse. La ville fut entièrement inondée ; il y eut, près du ruisseau, des maisons enlevées et d'autres fort endommagées.

Presque toutes les personnes qui étaient dehors périrent, rendant victimes de leur zèle tous ceux qui avaient volé à leur secours. Il a été fait mention du nommé Jean Celard, qui, revenant à son logis en conduisant deux bœufs attelés à une charrette, sur laquelle il avait assis sa femme et un petit garçon de douze ans, cotoyait le ruisseau près de son embouchure, lorsqu'il fut submergé avec une telle promptitude qu'il ne lui fut plus possible d'avancer, ni de reculer.

Une violente secousse qu'éprouva la charrette rompit le joug, jeta la femme sur un mur, et l'enfant sur le cou de *Rougeot*, son bœuf bien-aimé. L'instinct de cet animal lui fit soulever la tête, comme s'il eût voulu présenter à l'enfant un crampon de sûreté en lui offrant ses grandes cornes. Celui-ci s'en saisit avec d'autant plus de force, qu'un éclair lui montra qu'il était déjà la proie du Rhône ; mais ce fleuve, moins rapide que le torrent, permettait au bœuf de nager en suivant le fil de l'eau.

Cette affreuse tempête, survenue si promptement, se calma de même. Le ciel, après l'orage, sembla dire à la terre que sa colère était assouvie par les victimes qu'elle lui avait sacrifiées. La lune parut au firmament, et les habitants de Condrieu vinrent assister au spectacle déchirant causé par cette horrible catastrophe. On trouva encore la pauvre Magdeleine, presque sans connaissance, sur le mur où elle avait été jetée. De charitables soins ranimèrent sa vie.

Les bœufs nagèrent pendant assez long-temps ; lorsqu'ils touchèrent la terre, l'un d'eux tomba épuisé de fatigue et gonflé de l'eau qu'il avait bue ; l'autre, porteur du pauvre enfant, qui avait eu le soin de soutenir sa tête, sortit de l'eau sain et sauf, fut emmené par l'habitant d'un hameau non loin du Rhône, et on lui prodigua, ainsi qu'à l'enfant, les secours nécessaires après un aussi horrible événement. Quand le petit Pierre se vit en sûreté, il pleura ses bons parents, et raconta avec naïveté que sa mère lui ayant souvent dit que Saint-Pierre avait marché sur l'eau, dans son danger il l'avait prié d'y soutenir le bœuf, et que, sans les cornes de l'animal et sans la protection de son bienheureux patron, qu'il avait invoquée, il se serait assurément noyé. On rendit donc grâce au saint, et on accabla l'enfant de soins.

Le lendemain, on envoya à Condrieu pour s'enquérir de ses parents, et l'émissaire tomba, comme par inspiration, dans la maison qui avait reçu sa malheureuse mère. Cette pauvre femme était si affligée qu'elle ne put sourire au bonheur de retrouver son enfant; elle n'avait su aucune nouvelle de son mari, et avait acquis la triste certitude de la mort de tous les siens. Sa petite maison écroulée, son butin perdu, rien ne la retenait plus en ce pays; elle prend donc le chemin qui la conduit où est son fils; elle y trouve des hôtes qui lui font un si cordial accueil que, les considérant comme une famille nouvelle que la providence lui envoie, elle se détermine à se fixer près d'eux.

Pour ce qui est des malheureuses victimes de Condrieu, le nombre en fut évalué à un quart de la population. Les corps de ces infortunés furent réunis hors de la ville, et, après les cérémonies religieuses, ils furent déposés dans de larges fosses. Pour faire respecter ce lieu, on y planta une grande croix en pierre, portant, sur son piédestal, l'inscription suivante :

PRO PARENTIBUS VESTRIS HIC REQUIESCENTIBUS ,
ORATE , ANIMÆ CORPORA ANIMANTES !

Ames qui de vos corps êtes encore revêtues,
Priez pour vos parents qui reposent en ces lieux !

Cette triste épitaphe, considérée comme une sentence obligatoire pendant longues années, vit, chaque jour, près d'elle, les Condrillots qui venaient prier pour les trépassés. Cet endroit inhabité prit le nom du monument dont il était orné ; plus tard, on y bâtit des maisons. Ce quartier devint alors faubourg, et, aujourd'hui qu'il est lié avec la ville, il porte encore le nom de *Quartier de la Croix.*

Huit ans s'étaient écoulés depuis l'événement que nous avons décrit; Pierre, devenu grand garçon, avait appris l'état de maréchal-ferrant. De son travail il soutenait sa bonne mère, et, sur la porte de sa maison, il fit placer un St-Pierre et un bœuf en bois grossièrement sculptés. Ses clients appelèrent sa boutique celle *de St-Pierre-du-Bœuf*, et le hameau, devenu un village, a, depuis cette époque, porté ce nom avec honneur.

Quelques mots encore sur la pauvre Magdeleine, qui, toujours triste et pensive, résolut de se vouer à St-Etienne-le-Jeune, et d'aller, accompagnée de son fils, en pèlerinage à Die, où étaient les reliques de ce saint. Les prières qu'elle lui adressa et la distraction du voyage rendirent son esprit plus tranquille. En retournant chez elle, elle se fit un devoir de visiter les églises et les personnes citées pour leur grande piété.

A Tain, l'éloge que l'on faisait d'un ermite qui habitait une montagne dominant le Rhône donna à la mère et au fils le désir d'aller le visiter; mais quelle fut leur surprise de reconnaître en ce digne homme l'époux et le père qu'ils avaient tant pleurés! Le mari et la femme faillirent en mourir de joie. Pendant un long moment ils ne purent s'exprimer; des sanglots et des larmes succédèrent à ce silence, qui fut suivi d'une longue conversation. Il est aisé de comprendre qu'on avait bien des choses à se dire, d'abord comment chacun s'était sauvé du naufrage.

Celard raconta donc qu'au moment où il avait été surpris par les eaux, il s'était senti soulevé par les vagues, et était retombé assis sur une porte qu'entraînait le torrent, et à laquelle s'était aussi accroché un gros tronc d'arbre. Ce fut sur ce frêle radeau que, après une bien triste nuit, Celard débarqua à Tain, qui était un pays presque inhabité. Là il fit une sérieuse maladie, produite par l'effroi que lui avait

causé son naufrage, et par la fausse nouvelle de la mort de sa femme et de son
fils, qui, n'étant plus revenus à Condrieu,
y avaient passé pour morts. Cette croyance
avait donné de si sombres pensées à ce
bon homme, qu'il résolut de vivre en soli-
taire; il se logea pendant quelque temps
dans l'antre d'un rocher, dont il s'occupa
à rompre l'entourage pour se procurer
des pierres propres à la construction d'une
cabane, qu'il éleva lui-même; il brisa ensuite un assez grand espace du rocher, et
y planta des ceps qu'il tira de Condrieu, et
qui lui furent remis par un marinier, son
ami, qui allait secrètement le visiter.

Celard agrandit et cultiva sa vigne avec
tant de soin que le bon vin qu'il en tira
donna aux propriétaires voisins le désir
de faire de même. Bientôt une montagne
inculte fut transformée en un vignoble dé-
licieux. Les habitants de ce pays commençaient à faire commerce de leurs vins, et
bâtissaient des maisons, quand la femme de
Celard y découvrit l'ermite, qui n'ayant pro-

noncé aucun vœu, partit clandestinement de Tain, où l'on fit mille conjectures sur son compte. La plus accréditée fut qu'il avait été dévoré par des loups.

Il s'inquiéta peu de ce qu'on disait, et vint se fixer à St-Pierre-de-Bœuf, où il devint encore père de deux autres fils. Le bon Dieu bénit sa postérité. La famille Celard continua de prospérer et de jouir d'une estime justement acquise. Quant au pays de Tain, de hameau qu'il était il devint bourg, et ensuite une ville, qui doit se regarder comme la fille de Condrieu, puisque c'est à un de ses citoyens qu'elle doit son origine. Croyons encore à la reconnaissance de ce pays et acceptons-en les habitants comme frères.

CHAPITRE XI.

Monsieur de Mandelot, voyant le peu de ressources qu'il avait avec sa garnison indisciplinée, pensa à garantir notre ville en faisant murer deux de ses portes. Ce fut celle des Granges, et celle qui était près du châtelet de M. de la Bastie (1), qui la fit rouvrir peu de temps après, de sa propre autorité.

Ces détails font connaître combien était déplorable alors la situation de la France; les peuples avaient à peine le temps de respirer, qu'il survenait de nouveaux orages. Une tempête violente vint encore assaillir le vaisseau de l'état et couvrir cette contrée de deuil et de carnage. Le père Mathieu,

---

(1) C'était la porte au-dessous du lieu où est le cimetière.

jésuite, chaud partisan de la Ligue qui se forma contre Henri III, vint prêcher à Condrieu, et enrôla les habitants dans ce parti. Ils l'embrassèrent le 24 février 1585, et ils essuyèrent alors toutes les calamités de la guerre.

Les habitants de la ville du Puy, entraînés par St-Vidal, gouverneur, s'étaient prononcés pour l'Union ; mais, étant fortement inquiétés par le marquis de Chastes, qui tenait pour le roi, ils réclamèrent l'appui des forces lyonnaises du côté du Vivarais. Des partis armés, qui s'appuyaient sur les forces de M. de Montmorency, menaçaient à la fois Vienne, le Lyonnais, le Velay et le Forez, d'où les royalistes faisaient mine de leur donner main-forte par le Chambon et Bourg-Argental. Ils firent une attaque sur Condrieu, qui échoua.

Ce fut dans la nuit du 16 au 17 janvier 1589, que les protestants, partis de la ville d'Andance, essayèrent de surprendre Condrieu. Ils avaient attaché aux portes deux pétards qui firent brèche ; mais ils avaient cru n'avoir affaire qu'aux habitants, qui avaient juré tardivement l'Union; ils furent donc surpris d'être battus par deux compagnies d'arquebusiers lyonnais sous les ordres des capitaines Malezieu et de Conflans. Les assaillants furent repoussés avec grande perte. Cette ville était entourée de forteresses qui reconnaissaient la puissance royale; il en résultait que, souvent, des détachements d'hommes armés parcouraient la campagne, et y faisaient de grands dégâts, ce qui obligeait le paisible cultivateur à prendre part à ces scènes sanglantes.

Le 24 juin, Condrieu subit encore une attaque; le consulat de Lyon envoie à son secours deux compagnies de gens de pied, commandés par Sacconnay et de Beau-villars.

M. de Pomet vint attaquer Condrieu avec 180 chevaux et 300 hommes de pied, qui arrivaient de Saint-Chamond. Il comptait, à l'aide des intelligences qu'il avait dans cette place, s'en rendre facilement maître; mais

les capitaines Conflans et de Malezieu dé-
jouèrent ses projets. Il fut repoussé avec
perte de quatre hommes; plusieurs furent
blessés et quelques-uns furent faits prisonniers; de Pomet fut grièvement blessé.

La ville de Vienne étant entrée dans le
parti de la Ligue, Maugiron, qui y com-
mandait, se retira au château de Pipet;
Chevrière-Saint-Chamond, lieutenant du
duc de Nemours, tomba sur Vienne à la
tête d'un nombre suffisant de troupes qu'il
avait levées dans le Lyonnais. Sept canons,
pointés sur le château, le battent en brêche;
on veut forcer Maugiron à capituler, mais
le colonel d'Ornano et Lesdiguières vien-
nent à son secours.

Pour opérer une diversion, ils font attaquer Condrieu par Gouvernet et le Poët.

Pendant six jours, quatre canons, ap-
postés sur la rive gauche du Rhône, ne
cessent de tirer sur la ville. Chevrière ren-
force la garnison, et le capitaine Chambeaud
amène quelques compagnies de protestants
du côté du Vivarais. Dans la nuit du 20

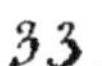

au 21 novembre, il dirige son attaque avec tant de secret et de prudence, qu'il emporte Condrieu d'assaut. La ville fut livrée au pillage, et devint le théâtre des plus grands désordres.

Un fait, qui a été cité par plusieurs historiens, et qui, appartenant à cette histoire, doit y figurer aussi, c'est le trait de bravade du cardinal Sfondrata, grand partisan de la Ligue, qui, envoyé en France par le pape, descendait sur le Rhône, pour se rendre à Avignon, et passait devant Condrieu au moment où l'on canonnait cette ville. Afin de pouvoir mieux jouir de l'effet produit par les boulets de canon, il se coucha à la renverse dans son bateau, et jouit tout à son aise des sifflements et des grondements produits par le canon.

Chevrière sentant combien la perte de cette place était préjudiciable à son parti, envoie toute sa cavalerie et cinq cents arquebusiers d'élite pour la reprendre. Il combine ses mouvements avec ceux d'une frégate armée que la ville de Lyon avait fait descendre pour seconder ses opérations, et, avec les troupes que M. de Villars avait de son côté, il s'empare presque sans résistance de ce poste important le 23 du même mois; mais les protestants le reprirent le 5 mars 1591.

Condrieu passa encore, sur la fin de 1592, sous la domination du duc de Nemours, qui y mit une garnison de cent hommes. Le baron de Virieu (1) à qui cette place avait été assignée par le roi de Navarre, demanda main-forte à Maugiron, qui ne voulut point lui prêter secours, piqué qu'il était de ce que d'Ornano lui avait été préféré par le roi de Navarre pour la lieutenance du Dauphiné. Il se rangea donc du côté de Nemours, et, à la tête d'un corps de cavalerie et de divers détachements d'infanterie, il se rendit sans obstacle maître de cette place, et fit occuper les forts Pipet, la Bâtie et Ste-Colombe. Le duc de Nemours ne quitta la ville que deux mois après, y

____

(1) Jean de Fay, baron de Virieu par sa femme Louise de Varcy.

laissant le marquis Saint-Sorlin pour gouverneur, auquel Disimieux succéda un mois après, ce qui mécontenta grandement Maugiron, qui avait l'espoir d'occuper ce poste, dont il fut privé à cause de son infâme trahison.

L'ambition du duc de Nemours était de se former un petit état, dont Lyon serait le centre. Cette intention s'étant manifestée dans diverses circonstances, le duc de Mayenne commença à soupçonner sa fidélité. Il envoya à Lyon l'archevêque pour s'informer de ce qui se passait, et il ne tarda pas à connaître les desseins de ce prince.

Le prélat prit de si justes mesures avec le consulat, que Nemours fut emprisonné, le 18 septembre 1593, à Pierre-Scize, d'où il parvint à s'échapper peu de jours après. Nemours, irrité du traitement qu'il avait reçu, se retira à Vienne, où, se joignant à son frère, il se mit à ravager tout le Lyonnais; mais le peuple, las des dissentions intestines, et frappé des grandes qualités de Henri IV, se détermina à reconnaître la puissance de ce grand roi comme l'unique moyen de ramener le calme et la tranquillité dans l'état.

Lyon ouvrit ses portes aux troupes d'Henri IV le 7 février 1594. Cette ville retrouva sa tranquillité. Vienne et Condrieu rentrèrent aussi dans un calme bienfaisant.

Les campagnes devinrent riantes et fertiles. La France entière eut à s'applaudir d'un monarque dont l'administration fut aussi sage que paternelle. La cour éprouva quelques agitations au sujet de ses amours, dont maintes belles eussent voulu être l'objet.

Après bien des chagrins causés par les relations galantes de ce monarque, dont les détails n'appartiennent point à cette histoire, Henri IV obtint la rupture de son premier mariage pour contracter une autre union avec Marie de Médicis.

La conclusion de ce mariage amena la paix avec la Savoie.

Pendant ce temps, le roi, dont la présence ne paraissait plus aussi nécessaire pour ses armées victorieuses, vint à Lyon, le 12 mai de l'an 1600, au-devant de sa nouvelle épouse, qui, traversant la Savoie, lui fut amenée par le Rhône, depuis Pont-Arlon. De grandes barques (1) avaient été construites exprès pour le transport de ce brillant cortége. Des mariniers de Condrieu furent requis pour en faire la conduite. Un conducteur et trois patrons, tous jeunes mariés, prirent la fantaisie de procurer à leurs femmes le plaisir de faire ce voyage, et ces jeunes beautés, dit-on, ne déparèrent point l'entourage de la princesse.

L'aînée des quatre avait 22 ans ; elle se nommait Sibile Chanal, et son mari Jacques Révon ; Marguerite Verrier et Nanon Celard étaient mariés aux deux frères Morel ; la plus jeune, qui était aussi la plus belle, était Marie Roger, épouse de Jean Bonnardel.

Arrivées à Lyon, les gentilles Condrillottes témoignèrent à leurs époux le désir de voir le roi. Cette demande, faite au

____

(1) C'est de cette époque que datent les barques appelées *savoyardes.*

monarque , fut favorablement accueillie.

Les quatre navigateurs, donnant le bras à leurs chères moitiés , les présentèrent galamment et respectueusement au roi, et, en même temps, ils offrirent, chacun à Sa Majesté, une jolie petite rame, bien ornée de rubans, et à laquelle étaient attachées deux bouteilles de vin blanc de Condrieu, dont la qualité, cette année-là , se trouvait encore supérieure aux autres saisons.

Henri IV sourit à cette originale et ingénieuse idée.

Il promit de garder les rames en souvenir ; mais il voulut de suite goûter le vin, ce qui procura aux jeunes couples l'honneur de boire à la santé du roi, qui, en échange, leur dit les choses les plus flatteuses sur les produits de leur pays, qu'il compara à un jardin de délices, où ils avaient su cueillir les plus belles fleurs et récolter le meilleur des vins. Il chercha ensuite à adresser la parole à ces dames, qui, pour répondre, furent un peu embarrassées, n'ayant contracté que l'usage du

patois (1). Cet incident, tout en les inti-
midant, donna un coloris à leurs joues,
qui les rendit encore plus intéressantes.

Jean Bonnardel, qui n'avait jamais compris la timidité, fut un peu contrarié de
celle de sa femme; il lui saisit le bras avec
force, en lui disant : « Réponds toujours,
« un roi comme le nôtre ça comprend tous
« les langages. »

Le Béarnais sourit à cette joviale idée,
et assura qu'en effet il comprenait cet
idiôme, qu'il trouva expressif et gracieux (2).
Il engagea même les époux à le perpétuer
à leurs enfants, tout en les façonnant à
la langue prééminente. « Oui, leur dit-il,
par respect pour la mémoire de nos aïeux,
nous devons parler et prier comme eux.
N'est qu'un sot celui qui fait fi du jargon
dans lequel il a été bercé. Aussi me sou-

---

(1) A cette époque, à Condrieu, tout le monde parlait patois,
même la noblesse et la bourgeoisie.

(2) A cette époque, le patois de Condrieu était le plus
agréable que l'on pût entendre. Il a été gâté par le mauvais
accent que nous ont apporté les Auvergnats, les Forésiens et
les gens du Vivarais, venus en nombre s'établir à Condrieu.

viendrai-je toujours de mon béarnais. Mais à cela, mes amis, il ne faut pas joindre la rusticité. *Les femmes sont de précieux bijoux qu'il faut savoir ménager.* Et comment on s'y prend, je vais vous le montrer : »

Ce disant, il s'approche de la belle Bonnardel, et lui applique un gros baiser sur chaque joue, chose à laquelle le mari était loin de s'attendre; aussi Jacques Révon, qui craignait quelques paroles à la façon de son ami, lui dit tout bas, ne dis rien, pense que c'est le roi.

Henri, qui entendit ces paroles, et comprit combien peu Bonnardel avait envie de se taire :

— Si, parlez, lui dit-il.

— Eh bien ! sire, je dirai *que si je vous confiais mon bien, vous en auriez ben tôt fait petafin.*

Ces paroles naïves firent sourire le roi, qui promit à ces jeunes couples amitié et protection pour leur pays et pour eux. Ils se retirèrent en criant : vive Henri IV !

Ce bon roi, ainsi qu'il l'avait promis, garda des Condrillots un agréable souvenir. Jamais, en vain, ils n'implorèrent sa protection; ce qui excita vivement la jalousie des villes circonvoisines, dont les habitants disaient malignement : « Que si le ciel appartenait au *Cul-de-Pau* (1), il en ferait présent aux Condrillots, et c'est à ce sujet qu'ils leur donnèrent l'épithète de *Culs-de-Pau*, qui, loin de les humilier, ne peut que les flatter. Ainsi que chacun à l'envie répète :

Honneur et gloire aux braves *Culs-de-Pau* (2) !

---

(1) On nommait ainsi Henri IV parce qu'il était né à Pau.

(2) Certaines personnes croient que ce surnom dérive d'un parricide appelé Jean Vanet, qui subit sa peine en 1760; mais c'est une erreur : le sobriquet de *Cul-de-Pau*, sous lequel il était connu, lui venait de sa structure et de la bizarrerie de sa mise; mais ce n'est point de lui que vient l'héritage de ce surnom aux Condrillots.

CHAPITRE XII.

De tous les temps les habitants de cette ville ont eu un penchant prononcé pour le plaisir; aussi n'ont-ils rien négligé pour établir diverses fêtes périodiques, propres à entretenir parmi eux cet esprit de gaîté qui semble leur être naturel.

La fête du patron était toujours marquée par des danses, des festins et d'autres divertissements. Un règlement de la fabrique de l'église, daté de l'an 1672, nous apprend, qu'à cette époque, on criait aussi le reinage, et que l'on en adjugeait encore plusieurs autres dans le courant de l'année. Voici ce qui se pratiquait dans ces occasions :

Le jour de la fête du patron, à l'issue des vêpres, le Saint-Sacrement étant exposé, on mettait à l'enchère la nomination d'un roi ; le curé recevait les mises , et celui qui avait offert de donner le plus de cire , était proclamé. On chantait alors le *Te Deum ;* on déposait la couronne sur la tête du dernier miseur ; les cloches annonçaient au peuple son exaltation, et ce sire.... de cire n'avait d'autres fonctions à remplir que de réaliser , envers la fabrique , l'engagement qu'il avait contracté , et de présenter , l'année suivante , à l'offrande un très-gros pain bénit.

Le mois de mai amenait des divertissements d'un autre genre. Un procès-verbal du 30 avril 1606 en fournit la preuve.

Le roi de mai , élu par les jeunes gens , était armé d'une pique , et ses sujets d'arquebuses ; il faisait planter un grand arbre à la porte du citoyen le plus distingué de la commune ; on tirait un *prix* , et on se livrait ensuite à la danse et autres exercices.

Dans ces contrées les garçons passaient la nuit du dernier avril au premier mai à courir de porte en porte , et à chanter les louanges du mois de mai au-devant des maisons où demeuraient de jeunes filles. Les portes s'ouvraient aux chanteurs; ils offraient aux filles des bouquets, et on leur donnait en retour des œufs, du beurre, de la volaille, des saucissons, etc. Le dimanche suivant, on consommait les provisions; la joie était dans tous les cœurs, et la danse terminait une journée aussi bien remplie.

Ces usages, venus du paganisme, ne faisaient point perdre aux habitants de Condrieu les usages que le christianisme avait introduits. Le testament de Bonchapoton, curé de Saint-Clair, et sociétaire de Condrieu, du 26 juin 1527, contient un legs de 30 sous par an au crieur (1) qui parcourait les rues de cette ville, la nuit du lundi au mardi de chaque semaine, en chantant, de minute en minute, ces paroles:

Réveillez-vous, réveillez-vous, gens qui

______

(1) Pendant longtemps cet emploi fut rempli par un nommé Celard, descendant de la famille de ce même Celard qui fut le second ermite de Tain. Le premier ermite, dont nous avons enfin pu retrouver le nom, se nommait Sterimberg.

dormez, priez Dieu pour les trépassés !

Cette exhortation lugubre, toujours précédée du tintement d'une petite cloche, s'est maintenue pendant longtemps. Elle a été pratiquée à Lyon jusqu'à 1789. Un pareil avertissement était bien de nature à répandre une certaine terreur dans les esprits ; il y faisait naître des réflexions sérieuses : la pensée de la mort rappelle à l'homme ses

CHAPITRE XIII.

LA FÊTE DE SAINT-CLAIR.

C'était la plus imposante fête que les bachelards (1) de Condrieu célébraient avec une grande pompe. Elle devait son origine à la première récolte de vin blanc, dont le plant avait été apporté si soigneusement par le bon empereur Probus. Un acte de 1502 fait mention de la concession faite, par la maison d'Arces, (pour le maintien de cette coutume), aux jeunes gens des Roches, du Port et de la Maladière, auxquels on accordait le privilége de percevoir, le jour de St-Clair, 2 janvier de chaque année, les droits de bac pour le passage du Rhône, sous la condition qu'ils maintiendraient la police du port.

---

(1) *Bachelard*. Chorier fait dériver ce mot du grec, et veut qu'il signifie jeune amoureux.

Cette fête, vraiment curieuse par ses cérémonies et les dépenses qu'elle occasionnait, commençait le 31 décembre au soir. Le chef avait le titre de roi, et ses sujets celui de *bachelards*. En tête du cortége marchait toujours Sa Majesté, décorée du bâton royal, et l'officier, porteur du drapeau ou enseigne de St-Clair, mi-parti de bleu céleste et de blanc. Ces jeunes gens heureux marchaient dans le plus grand ordre, précédés de fifres, de violons et de tambours. Ils allaient ainsi donner des sérénades à leurs parents et aux notables de la ville, et un bal terminait cette première journée.

Le 1er janvier, cette société assistait à la messe de paroisse. Tous ses membres étaient habillés de beau drap bleu clair, et chaussés de souliers de même étoffe ; leurs chapeaux étaient garnis de plumes bleu clair et blanc ; ils portaient l'épée au côté ; ils se plaçaient dans le chœur, et faisaient donner des aubades au-devant de la chapelle de la famille d'Arces et de celle de St-Nicolas ; après la messe, ils allaient visiter le curé, qui leur délivrait la liste des personnes mariées dans l'année.

De là ils allaient au port dîner ensemble dans l'hôtellerie qui leur était accoutumée ; puis ils se rendaient au Port-Neuf, appelé le Rafour, et y faisaient danser leurs parentes. Celles qui avaient dansé recevaient ce qu'on nommait *la livrée;* c'était un petit ruban *(une faveur)* qu'elles attachaient à leur sein, et qu'elles portaient soigneusement pendant toute la fête. Ils allaient de là chez le maire, qui faisait distribuer à chacun d'eux une branche de laurier; on y dansait encore, et, à l'issue des vêpres, la bande joyeuse se transportait à la porte de la ville, du côté du chemin du port. C'est dans cet endroit que l'on mettait à l'enchère la ferme du bac pour le lendemain, en réservant l'*Arrière* et l'*Ancienneté* (1), c'est-à-dire le droit de passage gratuit pour ceux à qui appartenaient ces propriétés.

Le roi de la fête, monté sur une pierre

(1) L'*Arrière* est une vigne, et l'*Ancienneté* une maison dont les propriétaires étaient exempts du droit de bac.

élevée (1), recevait les mises, et, pendant cette opération, on buvait le vin blanc en mangeant les biscuits que le propriétaire de l'*Ancienneté* était dans l'usage d'offrir aux bachelards. Si l'adjudication ne se tranchait pas, on faisait une nouvelle criée au port ; la boîte de St-Nicolas était aussi mise à l'enchère, et le produit de ces objets couvrait une partie des frais de la fête. On achevait la journée par des sérénades et un bal.

Le lendemain, 2 janvier, l'adjudicataire du bac était de bonne heure en exercice ; les bachelards passaient le Rhône, et allaient entendre la messe au village de St-Clair ; ils dansaient encore sous un orme, puis se rendaient à Vernon, revenaient aux Roches, et repassaient à la Maladière. Le fermier du bac, à qui ces diverses courses donnaient de l'occupation, recevait, pour son salaire, un dindon, deux pains bis de trois livres et quatre bouteilles de vin blanc.

____

(1) Cette pierre existe encore à la porte du sieur Favier.

Le propriétaire ou fermier de la vigne de Chéry, était tenu de présenter à chacun des bachelards, au moment où ils allaient de la Maladière à la place de Condrieu, un échalas qu'ils portaient comme un trophée, et s'en servaient pour s'exercer à l'escrime, au port du Sablier ; le soir, ils allaient chercher deux des anciens rois, les conduisaient à l'hôtellerie, où le souper était servi, et, en leur présence, on passait l'adjudication au dernier miseur de la canne ou bâton royal, et de l'enseigne de Saint-Clair. Pendant le souper, on portait des toasts au nouveau et aux anciens rois, au porte-drapeau, et chaque fois les verres étaient jetés en l'air.

Après le souper, le bal commençait par le branle du roi, par celui du porte-enseigne, des anciens et des nouveaux mariés, etc., etc. ; l'on dansait une partie de la nuit.

Le 3 janvier, les bachelards allaient toujours en grand costume entendre la messe à l'église des Récollets. Les religieux, auxquels ils envoyaient des dindons rôtis, des pains bis et une certaine quantité de bouteilles de vin blanc, leur donnaient à déjeuner à l'issue de la messe, ajoutant le surplus nécessaire au repas. On faisait ensuite la farandole le long des cloîtres, et le nouveau roi, qui, ce jour-là, portait la canne, conviait ses sujets à dîner, en commençant par le supérieur de la communauté des Récollets.

Après le dîner, la boîte de Saint-Nicolas était attachée à une barre de fer. Deux des garçons la portaient, et la troupe des bachelards visitait, toujours la musique en tête, les jeunes mariés du Port, de la Maladière et des Roches, et exigeaient de chacun d'eux quinze sous, qui étaient mis dans la boîte. Si quelqu'un des nouveaux mariés, pour se soustraire à la taxe, fermait sa porte, le roi la faisait enfoncer avec la barre de fer, et contraignait les récalcitrants à payer.

Enfin le 4 janvier, les bachelards, après le déjeuner, faisaient emplir une cruche de vin, on l'attachait à la barre de fer portée par deux garçons ; ils parcouraient la ville, faisant boire, à chaque coin de rue, les personnes de leur connaissance, et, parvenus à la Porte des Granges, ils suspendaient la cruche à un arbre (*un noyer*), et la compagnie lançait des pierres jusqu'à ce que la cruche fût cassée. On se retirait ensuite pour vaquer à ses affaires (ou plutôt se reposer des fatigues de la fête), en chantant ce couplet :

> *La Saint Cllior è morta*
> *Nin sué pos la causa.*
> *Laisse vegni l'an que viens,*
> *Ne serons ben mès de gins.*

C'est ainsi que se terminait cette fête mémorable, dont l'origine est si ancienne. Cette société était tellement indisciplinée qu'en 1486 ceux qui la composaient se permirent d'aller chasser aux Ayes, au mépris des ordonnances de police, de ravager les récoltes, et d'injurier les officiers du lieu qui avaient voulu s'opposer à leurs excès. Ils poussèrent même l'audace jusqu'à faire précéder leur incursion d'un avis affiché en plusieurs endroits. Cet écrit était ainsi conçu :

« L'on vous fait à savoir, de par les
« bachelards, et de par le maîstre de la
« chasse et des chasseurs, que tout homme
« qui a coutume de chasser à les biches,
« lièvres, cornils et chevreuils, et nous
« mangerons de venaison en dépit des en-
« vieux ; s'il y a homme en la compagnie
« qui ne soit chasseur, qu'il aie à vuider la
« compagnie, autrement il sera *baculé* (1) »

Cet audacieux placard prouve combien Condrieu était environné de forêts, et, cette fois-là, comme tant d'autres, personne n'osa former opposition à la volonté des bachelards.

Une sentence rendue par le châtelain Roger Rodier, en 1437, les maintient encore dans leur droit de chasse, conformément, est-il dit, à leurs priviléges.

---

(1) Donner du derrière contre un banc, en patois *la batacula.*

CHAPITRE XIV.

Parmi les anciennes coutumes que nous avons recueillies, il en est une aussi qui mérite un agréable souvenir. Elle existait encore en 1750 : c'était de chanter à l'église, pendant les fêtes de la Nativité de Notre-Seigneur, et surtout dans les trois heures qui précédaient la messe de minuit, des hymnes en patois, appelées noëls.

Chaque famille avait le sien. C'était, chaque année, à qui s'empresserait d'en composer de nouveaux.

Les habitants des campagnes, accoutumés à se réunir pour les longues veillées d'hiver, s'appliquaient d'avance à exercer leur verve, et la société qui remportait le prix de la composition était invitée à faire réveillon chez le curé, qui les mandait quérir par

le sacristain, qui était chargé de les accompagner de l'église au presbytère, les
précédant d'une torche ou d'un fanal perché
sur un bâton.

Le lendemain, les amis et connaissances
des noëlistes allaient les complimenter, et
l'usage était que chacun leur fît un cadeau.
Dans les campagnes, c'étaient ordinairement
une fusée de beau fil, des gaufres de blé
noir, ou des beignets que l'on nommait
cocassons.

A la ville, c'était un cierge, ou un joli
bouquet de fleurs naturelles. D'anciens papiers, trouvés dans une famille, nous ont
conservé le noël que nous insérons ici,
chanté, dans l'église de Condrieu en 1709,
par la famille Daret, des hauteurs de Condrieu.

Air : *A la ménot d'zïn i-nétrobleu.*

1er.

Quéto don qu'ou brut que j'intindons?
Dzisié la Jonna à Jean Jannot,
Ou simble de cllioches qu'ï brandons,
Le gins corront teuta la not.

Aviso don par le fenaitré
Qoué ou yé que clliapotte tant.
Mon hommo, je n'in vodrïn être
De qu'ou trafi intéressant.

Bis.

2me.

Fenna , òu yé noutre vésinnés
Ou zia la groussa Parneton ;
Allons sonno le dué Plasseunnés
Et pu vês zèlès neu zéron.
Prenons choquion noutre taloché ,
Et ormons neu d'zïn grou gordzïn.
Que neu porrions d'zïn la Perroché
Rencontro coque galopïn.

Bis.

3me.

Importon de noutra cassinna
Teu ce qu'ou ziara de plus biô ,
De gofreu de farina finna ,
De bon vïn et ïn bel agniô ,
Begniou ïna pièce de tella ,
Et de langeu de moleton ;
Pu neu siouron tou que l'etella
Que conduit à Bételeyon.

Bis.

4me

Neu vequi tou in sa presince
De qu'ou charmant pitzi popon ,

Et l'é sin pan et sin pidince
Et l'é tziqui com ïn boyon.
Y l'an fotzu dzïn que l'étrobleu
Sin le moindre ménagimin ,
Ou mitan d'zïn bou et d'zïn òneu
Mai compatissant que le gin.

Bis.

5me.

Efan Jesus , je vo z-adòreu ,
Llï fat la groussa Parneton,
Et mi je vo zadzeu de bùreu,
Llï dzï Piòrre de chez Randon.
Neu vo zadzuson de rigotté ,
De piats , ïna sopa de rï;
Avisò la poura Charlotté
Que vo zapporte ïna pedrï.

Bis.

6me.

J'adzuseu a teu à voutra mòré
In bon coteron de barrò;
Ina bazanna à voutron pòré
Et de talochés bien farrò.
Dzite neu don , je vo zimpreyeu ,
Si vo velé vegni vès neu ?
Neu pòrons vo zoffrï , je creuyeu ,
In logimin dzigneu de veu.

Bis.

7me.

Vo neu zavé donnò l'exempleu
De vartzu et de pouretò ,

Que l'étrobleu é changïe ïn timpleu,
N'adoron voutra Majestô,
A que là musiquâ d'ou zangeux,
N'appondons noutreu chant rustzï.
Pitzï vo z-avé noutreu langeux,   *Bis.*
Donnô neu voutron paradzï.

FIN.

CHAPITRE XV.

Ces religieuses furent tirées du couvent de Bellecour, à Lyon, par les soins de Claude de Villars, baron de Maclas, qui ensuite fonda, à ses frais, par acte du 13 août 1631, un monastère au pied du coteau, près de la porte du Meysel. Les religieuses arrivèrent à Condrieu le 31 décembre 1629. Les progrès de cet établissement furent si rapides, qu'à l'époque où elles prirent possession du couvent, elles étaient déjà au nombre de vingt-deux dames de chœur et trois agrégées. L'on en comptait encore vingt-sept et six sœurs agrégées en 1790. Leur local était très-étendu à cause de la réunion qu'elles firent à leur ancien monastère du château de la Bastie, ancienne propriété de la maison d'Arces, qu'elles achetèrent, en 1657, du comte d'Oraison. Ce fut en 1664 qu'elles firent construire leur église. Jusque-là, une petite chapelle avait suffi à leurs exercices de piété. Ces dames, qui ont eu l'honneur d'avoir deux supérieures de la maison de Villars, possédaient de très-vastes propriétés. Leurs revenus pourvoyaient abondamment à leurs besoins ; ils leur permettaient même de faire de grandes aumônes. A la révolution, ce couvent fut détruit, ainsi que celui de Sainte-Colombe, dont elles avaient été les fondatrices.

Ces édifices, qui devinrent la propriété de la nation, furent vendus à vil prix, ainsi que leurs domaines, dont les personnes consciencieuses ne voulurent point faire l'acquisition, supposant la même délicatesse à tout le monde, et espérant, par là, forcer l'état à une juste restitution.

En 1821, deux anciennes religieuses de cette maison, Mme Dutroyal et Mme Morlon, ainsi qu'une sœur tourière, Anne-Thérèse, rentrèrent en possession de leur communauté, qu'elles achetèrent 14,000 fr. du nommé Vuillemin.

En peu de temps, cette communauté redevint très-nombreuse, et jouit encore de nos jours d'une grande réputation.

CHAPITRE XVI.

LES PÉNITENTS ET LES CHEVALIERS DU SAINT-ESPRIT.

L'ordre des pénitents, dont nous devons l'invention au règne superstitieux d'Henri III, s'établit à Condrieu, l'an 1600, sous le vocable de *Notre-Dame-du-Confalon*. Il possédait une fort jolie chapelle, derrière le collége; elle fut démolie à la révolution. Plus tard, cette confrérie voulut se rétablir; mais le curé Carre, ennemi de toute secte ridicule, ne voulut point permettre un ordre hypocrite sous le manteau de notre sainte religion.

L'ordre appelé *Compagnie du Saint-Esprit, au droit désir* ou *du nœud,* fut instituée en 1580; il avait pour devise ces mots : *Si Dieu plait* (s'il plait à Dieu), et devait se composer de trois cents chevaliers, sous la maîtrise du roi Louis et de ses successeurs. Le roi, qui s'intitulait *troveur* et *fondeur de la très-noble compagnie*, déclarait, dans une sorte de préambule, qu'il l'instituait *alle onneur du Saint-Esprit, en essaucement de chevalerie et accroissement d'onneur*.

Indépendamment des obligations générales, communes alors à toute la chevalerie, les chevaliers du *Nœud* contractaient l'engagement solennel de consacrer leur épée au service du roi, *leur princeps*, et de prendre part à toute croisade, entreprise pour la délivrance des lieux saints : *Salve*, était-il dit, *si aucune expresse et apparente nécessité ne le contredit*. Ils devaient, en outre, jeûner le jeudi de chaque semaine, ou, en cas d'empêchement, faire, ce jourlà, une aumône suffisante à trois pauvres, en l'honneur du Père, du Fils, du Saint-Esprit. Il était d'obligation aux chevaliers de porter continuellement, sur quelque partie apparente de leurs vêtements, un *nœud*, emblême mystérieux du but de l'ordre ; à l'entour devait être écrite en lettres bien visibles et bien luisantes la devise : *si Dieu plait*. Ce nœud pouvait être d'or, d'argent ou de pierres précieuses ; mais le Vendredi-Saint, *en remembrance de la Passion de Notre-Seigneur Jésus-Christ*, il devait être simplement de soie blanche, sans or, ni argent, ni perles.

Le *droit désir* de chaque chevalier devait être de dénouer son nœud. Cette gloire lui était acquise lorsqu'il avait attaqué le premier des ennemis au nombre de plus de trois cents ; lorsqu'il avait enlevé un drapeau, ou seulement renversé le porte-drapeau ; lorsqu'il avait fait prisonnier le chef des ennemis, pourvu, toutefois, que ces prouesses n'eussent pas été accomplies contre des soldats de l'église. L'heureux chevalier, qui s'était ainsi distingué, portait son nœud délié avec cette devise : *Il a plu à Dieu.* Si ce même chevalier au nœud délié s'illustrait encore par une action d'éclat, il renouait son nœud en le surmontant d'une colombe, image allégorique du Saint-Esprit. Cet honneur de relier au Saint-Esprit était le plus insigne que l'on pût obtenir.

Le jour de la Pentecôte, tous les chevaliers du Nœud étaient revêtus d'un costume entièrement blanc, et il fallait que le surtout fût décoré d'un Saint-Esprit à l'endroit du cœur. Chaque chevalier devait raconter tout ce qui lui était advenu pendant l'année ; une commission jugeait de ses faits, et ceux qu'elle trouvait dignes d'une mention étaient inscrits dans le livre *des avènements aux chevaliers de la compagnie du Saint-Esprit au droit désir*. Après une messe du Saint-Esprit, l'assemblée se formait en *parliament* et discutait sur les intérêts de l'ordre et sur les changements à apporter aux statuts, puis elle assistait à un banquet où les places d'honneur étaient réparties selon les degrés du mérite entre les simples chevaliers, les chevaliers au nœud délié et les chevaliers reliés *au Saint-Esprit*.

Ces derniers, *par plus triomphal honneur*, recevaient une couronne de laurier. C'était aussi le moment où les châtiments s'infligeaient : le chevalier qui avait commis quelque acte que le *Saint-Esprit ne veuille souffrir*, arrivait vêtu tout en noir, et portant, au lieu du nœud, un écriteau *blanc bien apparaissant*, où on lisait : *J'ay espérance au Saint-Esprit de ma grand honte amender ;* il prenait son repas seul sur une petite table, disposée au milieu de la salle.

Tout chevalier, en danger de mort, devait prendre des mesures pour qu'après lui on renvoyât au prince son épée et son nœud le plus riche, pour en faire le profit de son âme. Les honneurs funéraires se mesuraient sur les actes de la vie ; les simples chevaliers n'obtenaient qu'une modeste pierre, et ceux au nœud relié reposaient sous un mausolée portant cette épitaphe : *il acheva sa patrie du droit désir.* Dans le mois de la mort du chevalier, tous ses frères d'armes devaient faire dire sept messes à son intention, pour racheter son âme des sept péchés capitaux.

CHAPITRE XVII.

Dans les temps où la lèpre faisait de si grands ravages, chaque ville avait une lépreuserie. Celle de Condrieu était située sur le ruisseau d'Albuet, près l'église des religieuses de la Visitation. Le puits qui existe en face de la porte de l'église est encore appelé le puits du Maysel, parce qu'on nommait aussi les lépreux Maysels ou Maysaux. Beaucoup de gens, parlant de ce puits, disent en patois *le Maysaâ* ou *Naysaâ*, sans savoir d'où ce mot dérive.

Lorsqu'une personne avait le malheur d'être atteinte de cette affreuse maladie, on allait à sa demeure la prendre en procession avec la croix et l'eau bénite. Le lépreux précédait la croix. On le conduisait à l'église, où il entendait la messe, assis dans la nef. La messe finie, le curé et les paroissiens s'approchaient de lui et lui adressaient cette exhortation :

« Mon ami, *il plaist à Nostre Seigneur*
« *que tu soyes infect de ceste maladie, et*
« *te faist, Nostre Seigneur, une grant*
« *grâce quant il te veult punir des maux*
« *que tu as faict en ce monde, pourquoi*
« *aye patience en ta maladie; car Nostre*
« *Seigneur ne te desprise point; ne te sé-*
« *pare point de sa compagnie; mais si tu*
« *as bonne patience, tu seras saulvé comme*
« *fut le ladre qui mourut devant l'ostel du*
« *mauvais riche, et fust porté tout droit*
« *en paradis.* »

Le prêtre bénissait ensuite son habit ou son manteau et le lui remettait en disant :
« *Vois-tu la robe que l'Eglise te baille, en*
« *toi défend que jamais tu ne portes robe*
« *d'autre façon, afin que chacun puisse*
« *cognoistre que tu es infect de ceste ma-*
« *ladie, et afin que l'on te donne plutost*
« *l'aumosne pour l'amour de Nostre Sei-*
« *gneur.* »

Ensuite le prêtre bénissait les gants et les lui donnait, en disant : « *Vois-tu ici* « *des gants que l'Eglise te baille, en toi* « *défend que quand tu iras par les voies* « *ou aultre part, que tu ne touches à main* « *aucune chose, afin que lesquels ne sont* « *point infects de ceste maladie ne touchent* « *auculne chose après toi ; l'Eglise te re-* « *commande que tu iras par les voies et* « *tu rencontreras une personne saine, que* « *tu lui fasses place, que tu ne converses* « *point jamais avec ceux qui ne sont point* « *infects de ceste maladie, tant en maison* « *comme austre part ; que jamais tu n'en-* « *tres en l'église jusqu'à la mort, afin que* « *la conversation que tu feroys avec les* « *sains qu'ils ne fussent infects de ta ma-* « *ladie. Je te prie que tu prennes en pa-* « *tience et en gré ton mal et en remercies* « *Nostre Seigneur ; car ainsi le fais, tu* « *feras ta pénitence en ce monde, et com-* « *bien que tu soyes séparé de l'Eglise et* « *de la compagnie des sains, pourtant* « *tu n'es pas séparé de Dieu, ne aussi des*

« *biens que l'on fait en nostre mère sainte*
« *Eglise.* »

Enfin le prêtre l'accompagnait avec la croix jusqu'au lieu des infirmes, en l'avertissant de garder toujours sa patience par laquelle il puisse obtenir la vie éternelle.

Ce fut Renaud de Forez, archevêque de Lyon, qui fonda cette lépreuserie l'an 1225.

En 1521, Claude Janin, lépreux de la Maladière, fit à l'église un legs de 400 livres.

CHAPITRE XVIII.

ÉDIFICES CONSACRÉS AU CULTE.

L'église paroissiale, sous le vocable de *l'Invention de Saint-Etienne*, est très-ancienne, et son vaisseau en est bien jeté. Nous appelons l'attention des monumentalistes sur la beauté de son portail. Cette église fut ruinée durant les guerres civiles qui agitèrent la France au XVIᵉ siècle. Le chapitre de Lyon contribua à sa reconstruction en 1569. Cette église devint dèslors riche en ornements et en tableaux ; mais elle fut dévastée à la révolution de 93. Elle a été pendant longtemps très-pauvre ; ce n'est que sous l'administration du curé Verdier que l'on a commencé à y faire des réparations, et c'est sous M. Palet que l'on a construit la tribune et les fonts baptismaux.

On voyait autrefois dans cette église les tombeaux des familles les plus distinguées, telles que la famille d'Arces, de Gayant, Capuis, de la Chapelle, de Gorse, etc. On voyait encore, en 1792, dans la chapelle de Saint-Christophe, le tombeau du chevalier Jean d'Arces. Au-dessous de sa statue était l'inscription suivante, traduite pour la facilité du lecteur :

« *A l'éternelle mémoire de noble Jean* « *d'Arces, homme d'armes, chevalier de* « *l'ordre du roi de France, et gentilhomme* « *de sa chambre. Son père fut illustre et* « *héroïque seigneur; il avait parcouru les* « *royaumes d'Espagne et d'Aragon, de Gre-* « *nade, de Portugal, de Naples, d'An-* « *gleterre et d'Ecosse, à la manière des* « *héros des anciens jeux olympiques, et* « *en avait rapporté le nom de Chevalier-* « *Blanc. Sa mère était dame Françoise de* « *Ferrières, d'une des plus anciennes fa-* « *milles du royaume.* »

Ce seigneur Jean d'Arces de la Bastie-Maylans, et baron de Lyvarrot, mourut, à Condrieu, pendant les guerres civiles, en juin 1590, âgé de 75 ans.

L'hospice de Condrieu date du XIe siècle; il commença par la maison que la commune eut en héritage du nommé Adrien Melval, dont on ne trouva aucun parent. En 1160, Jeanne de Peliqueue fit don à cette maison d'un brotteau considérable que le Rhône a fait disparaître (1).

En 1249, les revenus de cet établissement étaient de 4 écus 5 oboles. En 1527, Bonchapoton lui légua dix livres tournois pour acheter un lit tout garni pour coucher les pauvres qui s'y rendraient. Ses revenus, en l'an 1600, furent affermés 7 écus, 5 sous, et ils s'élevaient à 50 livres en l'an 1726, époque où l'on y avait réuni les biens de la confrérie du Saint-Esprit.

Cette maison, qui était tombée en ruines, fut fermée pendant quelque temps; mais Gaspard Besson, ancien fabricant à Lyon, et prêtre sociétaire, la fit relever et fit don

____

(1) Ce brotteau était situé entre Rochemolle et Pont-le-Saint (Poncin).

à cet hospice, par acte du 13 juillet 1727, de deux domaines : l'un appelé Vernon, et l'autre Laloi, situés sur la commune de Chuyés. Il imposa aux recteurs la condition de fournir 600 livres par an au collége, dont il fut aussi le fondateur. La difficulté de se procurer de bons professeurs détermina la commune à confier ce collége aux Frères des Ecoles Chrétiennes, qui en prirent possession le 15 janvier 1756.

Quant à l'hospice, il ne commença à prospérer que vers l'an 1731, époque où on en confia l'administration à trois religieuses.

Ses revenus s'élevaient alors à 4,500 liv., et en 1814 ils étaient montés à 6,000, dont un quart provenait du bénéfice de la vente des remèdes. Cet hospice ne possédait alors que neuf lits; mais en 1819 la sœur Poncet, nommée pour la direction de cette maison, y fit faire de rapides progrès. Son ordre, son économie et les dons qu'elle sut obtenir des personnes charitables fournirent des sommes assez considérables pour rebâtir cet hospice, et lui donner les revenus suffisants à l'entretien de vingt-quatre lits, qu'il compte aujourd'hui dans ses salles.

Le couvent des Récollets fut fondé par le père Nathanel, en l'an 1603. Cette maison était la première de la province de Saint-François.

Les bâtiments de ce monastère avaient été construits vers le milieu du dernier siècle. Ils étaient vastes et réguliers. Leur situation, à l'endroit le plus élevé de la ville, présentait un point de vue des plus agréables. Il y avait neuf religieux à l'époque de la révolution de 93, qui a détruit ce couvent. Ce lieu est celui où est aujourd'hui le cimetière.

Avant de relater les événements qui se sont passés à Condrieu sous la révolution de 1793, mentionnons le passage, dans cette ville, du fameux brigand Mandrin.

Il y vint le 24 juin 1764, mit à contribution les receveurs des deniers publics, et
leur donna un reçu en bonne forme en
échange de la somme qui lui fut comptée.
Du reste, à part cette criminelle extorsion,
personne dans le pays n'eut à se plaindre
de lui, ni de ses soldats.

CHAPITRE XIX.

Cette époque déplorable est d'un triste souvenir à tous ceux pour qui parents et patrie furent chers. Condrieu subit aussi l'influence révolutionnaire, mais il ne s'y commit aucune cruauté. Quarante-cinq notables de la ville furent mis en arrestation; mais la prudence du gendarme Ponson leur conserva la vie.

Nous citerons un trait, que maintes personnes se rappellent encore; c'est la profanation commise par un père récollet, qui, après avoir quitté son couvent, prêta serment, se maria et se livra à toutes sortes de dégradations. Il poussa si loin les sentiments irréligieux qu'il osa revêtir un âne des ornements sacerdotaux, et il acheva le

12

sacrilége en le faisant boire dans un calice. Peu de jours après, ce malheureux fut frappé de mort subite. Son convoi fut rencontré par l'âne dont il avait fait l'instrument de ses coupables profanations, et qui, aussitôt, quitta la personne qui le conduisait et suivit le mort jusqu'au cimetière en poussant des braiments affreux. Lorsqu'on déposa le cercueil dans la fosse, il s'y précipita avec rage, comme pour reprocher à ce cadavre toute l'horreur de son crime.

Peu de temps après cet événement, on apprit la mort de Robespierre; la tranquillité revint. Bonaparte rendit au clergé sa liberté, les églises se rouvrirent, les pasteurs retournèrent au milieu de leurs ouailles; le curé Bonnardel, décédé, fut remplacé par le curé Carre, qui trouva bon accueil dans la paroisse. Cet homme était instruit et vertueux; sa fortune égalait la bonté de son cœur, ce qui lui permettait de faire d'abondantes aumônes. Il avait un esprit franc, quoique brusque, était spirituel et d'un parfait jugement, ce qui le faisait chérir de tout le monde. Les connaissances qu'il avait en droit épargnèrent souvent des procès aux familles, et celles qu'il avait en médecine diminuaient journellement son casuel.

Ses paroissiens étaient persuadés qu'il avait le don de les préserver de la grêle (1). Il savait si bien prendre le caractère des Condrillots, qu'il régnait en monarque et en père de famille; chacun lui était soumis et craignait de l'offenser; il ne se faisait aucun mariage et point d'arrangements de famille sans qu'il n'eût préalablement été consulté, et ses conseils étaient toujours religieusement suivis.

Condrieu, comme toute la France, avait été longtemps plongé dans un état de tristesse; les cœurs, remplis d'une joie pure et nouvelle, éprouvèrent le besoin d'en donner d'éclatants témoignages. Notre petite cité devint un séjour de merveilleuse gaîté, que vint stimuler encore un commerce florissant sur les sels, les blés, les char-

____

(1) Elle n'est pas tombée dans la paroisse tant qu'il a existé.

bons, les vins, les bois et les transports par le Rhône de toute espèce de marchandises.

Les femmes des commerçants de ces diverses denrées brillèrent de tout leur éclat; celles des conducteurs et des patrons ne laissaient rien à désirer. Ces femmes, s'occupant peu d'œuvres serviles, avaient la taille souple et élégante, et la régularité de leurs traits ne s'altérait point.

C'était alors le beau règne des farandoles, et quand elles passaient devant la maison du curé Carre, elles ne manquaient point de lui rendre visite.

Ce digne homme, devenu aveugle et goutteux dans ses dernières années, n'en était pas moins honorable. Il offrait de bon cœur son excellent vin; mais, en revanche, il se réservait toujours de fixer les heures de plaisir de ses paroissiens, qui, en enfants dociles, ne dépassaient jamais la permission du vénérable pasteur. « Je sais, « disait-il, que les Condrillots aiment les « plaisirs bruyants; vouloir les en priver

« serait leur faire briser le joug. Je me
« réserve seulement d'établir des limites. »

Il faisait positivement ce que font nos
missionnaires dans les pays étrangers, c'est-
à-dire des concessions aux usages établis,
pour garder le respect aux convenances.
Ainsi donc s'il permettait aux ménétriers
de jouer aux messes de confréries, en dé-
dommagement, tous les corps d'état ne manquaient point d'honorer leur patron. La
pensée du plaisir ne faisait jamais oublier
le devoir.

En 1814, une grande partie de la population française vit avec plaisir le retour
des Bourbons. Cet enthousiasme semblait
plus général encore dans les petites localités.
Les églises retentissaient de maintes poésies
nouvelles auxquelles on donnait le nom de
cantiques, lors même qu'elles n'étaient
qu'à la louange des humains.

Notre petite cité ne fut pas la dernière
à se réjouir, mais moins par esprit d'opinion que pour l'avantage des diverses fêtes
que pouvait procurer un changement de

gouvernement ; aussi ne manqua-t-on point de saluer les princes d'Orléans à leur passage à Condrieu, qui remontèrent le Rhône à cause de la pénible grossesse de la duchesse.

Henri, dit Beraud, patron qui conduisait cet équipage, avait eu l'attention d'écrire à l'avance son passage, ce qui donna aux habitants de notre ville le temps de se préparer convenablement à fêter ces illustres voyageurs. Comme il avait été annoncé que les princes ne débarqueraient qu'à Lyon, on fit le projet d'aller les saluer sur le Rhône.

Afin de rendre la réception plus digne, on décora une grande barque de colonnes de buis, et, pour la rendre plus magnifique, elle fut pavoisée de différentes couleurs ; d'abord les drapeaux blancs, comme étant la couleur nationale ; les bleus clairs, qui faisaient, disait-on, allusion au beau ciel de la France ; les verts, pour marquer l'espérance de voir durer longtemps le règne des Bourbons ; les jaunes présageaient d'abondantes moissons, et les violets, une grande quantité de vin. C'était à qui inventerait les plus belles significations, et chacun se plaisait ou s'étudiait à en trouver de plus ingénieuses les unes que les autres.

Les habitants des Roches voulurent imiter cet étalage de nouveautés ; mais ils n'avaient pas de grande barque, ils la remplacèrent par deux *sapines*, sur lesquelles ils établirent un plancher, recouvert d'un tapis ; ils placèrent les indispensables colonnes de buis et les drapeaux aux nuances désignées ; mieux que cela encore, ils eurent l'attention de mettre au milieu de ce salon improvisé une table garnie de biscuits et de bouteilles de vin blanc, destinés à être offerts à la famille royale.

C'est dans cet équipement que les notables des Roches descendirent jusqu'à St-Alban à la rencontre des princes. Ils abordèrent le coche où ils étaient embarqués, et les autorités invitèrent cette illustre famille à goûter les rafraîchissements qui leur avaient été préparés. L'invitation est acceptée ; les cœurs bondissent de joie ; un marchepied est posé pour faciliter aux princes la descente du coche sur les bateaux des Rochelois, et la duchesse y descendait la première ; mais, au moment où son pied allait quitter la dernière marche, les gens des Roches, heureux de cet événement, s'étaient tous portés du même côté, ce qui occasionna la séparation des deux bateaux mal assujettis au plancher qu'ils supportaient.

Ce fut alors un spectacle d'un nouveau genre : la moitié des acteurs de cette scène burlesque tombèrent au Rhône. Heureusement il n'y eut ni morts, ni blessés ; mais les robes de noces furent collées aux formes gracieuses de celles qui en étaient revêtues ; les biscuits s'imbibèrent d'eau à la place de ce bon vin dont on voyait, avec douleur, les bouteilles voguer sur le fleuve.

Les princes, après cet événement, ne voulurent point descendre dans la barque des Condrillots, quoiqu'elle ne présentât aucun danger ; ils préférèrent prendre terre en voyant toute la population qui les attendait au Sablier; ils reçurent dans leur coche les compliments et les visiteurs.

D'abord se présenta M. Chrétien, maire de la ville, entouré de son conseil municipal, ensuite douze demoiselles vêtues en blanc. Six étaient parées de l'ancien costume que portaient les belles Condrillotes. C'étaient les demoiselles Mariette, Françoise et Nannette Naime, Mariette Peillon, Mariette Plasson et Mariette Guy.

Les autres, qui représentaient la classe bourgeoise, étaient mesdemoiselles Virginie Seigre, Clotilde Marchand, Mariette Targe, Mariette Forest, Adèle Chosson et Janny Henri, qui, comme la plus jolie, fut chargée de féliciter la princesse. Ensuite ces demoiselles chantèrent une chanson populaire, dont le refrain était : *Vivent les Bourbons et Louis!* Après ces chants, Madame Pouzol fit un compliment au nom des dames de la ville.

La musique d'amateurs qui savait quatre airs différents, et qui en avait déjà joué deux à l'approche des princes, s'empressa de jouer l'air de *Vive Henri IV !* Et la famille d'Orléans fit ses adieux aux Condrillots qui s'entassèrent dans leur arc-de-triomphe que l'on attacha à l'équipage des princes, pour les accompagner jusqu'à Gerbay. Pendant ce temps, la musique jouait :

Où peut-on être mieux qu'au sein de sa famille?

L'air achevé, on détacha la barque, qui, pour revenir au port, faillit s'engloutir à la *Paillasse*, endroit du Rhône alors fort dangereux.

Le duc d'Orléans et les siens s'arrêtèrent peu à Lyon. Revoir Paris était pour eux un bonheur trop désiré; mais ce bonheur fut de courte durée, puisque 1815 ramena Bonaparte, qui fut lâchement trahi et reconduit en exil.

C'est aussi cette même année, le 25 août, que deux vicaires de Condrieu, MM. Drevet et Millet furent tués dans l'île de Jassou, dans le département de la Loire, par des

hommes qui n'étaient point réputés mé-
chants, mais exaltés dans une opinion qui
venait d'être insultée par un séminariste qui
accompagnait ces ecclésiastiques. Pendant
longtemps Condrieu a supporté les consé-
quences de ce malheureux assassinat.

Ce qui exaspérait encore le peuple, c'était
le manque d'ouvrage et la grande cherté
du blé en 1816. Les mariniers restèrent
neuf mois sans travailler.

Le charitable curé Carre fit distribuer aux
pauvres la contenance de deux bateaux de
charbon et une grande quantité de blé, qui
valait alors 25 francs le bichet. Les greniers du pasteur commençaient à s'épuiser,
lorsque son frère, riche propriétaire sur
la commune de Malleval, lui confia qu'il
attendait encore une augmentation pour
vendre son blé. Le curé approuva la spé-
culation et l'engagea à le lui envoyer afin
d'en tirer un bon parti. Le propriétaire accepta la proposition avec reconnaissance.
Son froment fut entassé dans les greniers
du presbytère.

Quelque temps après il vint en réclamer l'argent, mais son frère lui répondit : « Que les billets n'étaient pas échus, qu'il irait les recevoir en paradis. »

Le spéculateur fit piteuse grimace, mais force fut d'en passer par là. Quelques temps après son âme était devant Dieu, et Saint-Pierre acquittait la dette des pauvres. M. le curé Carre mourut en 1821, pleuré et regretté de tous ceux qui le connaissaient. Il fut remplacé par M. Génolat, qui mourut en 1830. Le bon et charitable M. Verdier lui succéda.

C'est à cette époque, qu'à la satisfaction générale, M. Chassagnieux fut nommé maire de Condrieu. C'est à sa bonne administration et à ses sollicitations que nous devons le retour du chef-lieu de canton à Condrieu, qui en était privé depuis la révolution de 95. Condrieu se souviendra longtemps des bienfaits de ce paternel administrateur, qui a emporté au tombeau les regrets de tous ceux qui l'ont connu.

C'est aussi cette même année, que l'on

vit le Rhône transformé en une route de glace, sur laquelle circulaient les piétons et les voitures. Le fermier du bac à traille en éprouva une très-grande perte.

L'année 1832 a vu l'inauguration du pont de Condrieu, si utile à sa population. M. Gasparin, préfet de Lyon à cette époque, vint assister à cette intéressante réception.

L'année 1835, les religieuses de l'ordre du Saint-Sacrement firent, au port de Condrieu, l'acquisition d'une maison appartenant à Madame Bourgeois, pour y établir une maison d'éducation, sous la direction de Madame Passaquay, qui sut si bien s'attirer la confiance des familles, que, en peu de temps, cet établissement prit une grande extension. Quelques années après, cette religieuse ayant eu des motifs pour se séparer de son ordre, et, cédant aux sollicitations des parents de ses élèves, s'associa avec Madame Ambroisine Sordet, pour établir une pension dans l'ancienne maison de Rivery. Ces dames jouissent d'une réputation justement acquise. Le couvent du port, protégé par le clergé, est aussi dans un état prospère. La concurrence entre ces deux maisons d'éducation est un bienfait pour les familles.

CHAPITRE XX.

L'INONDATION DE 1840.

Qu'il était effrayant ce fleuve, qui renversait et bouleversait tout ce qui se trouvait sur son passage ! Le grondement terrible de ses eaux semblait la voix courroucée de Dieu, prédisant le renversement des trônes et des rois. Des pluies abondantes ne cessèrent de tomber pendant trente jours. On eût dit que toutes les cataractes du ciel étaient ouvertes pour un second déluge, auquel n'échapperait aucun mortel.

Point de famille ne semblait, comme au vieux temps, devoir être protégée. Celui qui, le premier, sut faire le vin, mérita d'être gardé par l'eau. Pour nous, qui oublions si souvent les bienfaits de Dieu, le terrible fléau qui portait partout la consternation était le sévère mais juste châtiment de nos fautes, dont nous implorions le pardon à mains jointes.

Les mésintelligences entre parents et amis cédèrent la place à une amitié cordiale et fraternelle, engendrée par la terreur.

Les habitants de la ville de Condrieu s'empressèrent de partager leur demeure avec les inondés des faubourgs.

Le bon M. Chassagnieux fit répandre d'abondantes aumônes.

Les maisons inhabitées s'ouvrirent aux personnes sans gîte, et l'hospice, déjà encombré de monde, vint au secours de ces nouvelles ambulances. Les ouvriers les plus aisés, comme les plus malheureux, se firent un plaisir de donner l'hospitalité aux malheureux qui étaient forcés d'abandonner leur logement, et ils regardèrent comme un devoir de les faire asseoir à leur table.

Les Frères des Écoles Chrétiennes reçurent en leur collége tous les enfants qui voulurent y rester.

Le bon curé Verdier eut aussi sa maison remplie de monde. Ce digne pasteur était désolé de voir sa paroisse transformée en un immense lac de douleurs et de larmes.

C'est le 1er novembre, à six heures du soir, que les habitants de Condrieu vinrent en foule chez M. le curé pour le prier de faire une procession, d'y porter la statue de Saint-Nicolas, et de mettre la paroisse sous la protection de ce bienheureux, afin que, par son intercession, le bras de Dieu arrêtât le fléau, et donnât à la terre le rameau vert et le retour d'un soleil protecteur. Son apparition se fit attendre pendant vingt-huit jours, au bout desquels le Rhône diminua et mit à découvert ses horribles ravages.

Pendant cette malheureuse inondation il y avait à Condrieu très-peu de mariniers, ce qui rendait plus dangereuse la position des habitants. Les femmes, les enfants et les personnes âgées épuisaient leurs forces à appeler du secours et étaient longtemps dans l'anxiété avant d'avoir la certitude que l'on pourrait arriver jusqu'à eux.

Les jeunes gens, qui étaient sans cesse occupés à secourir les submergés, étaient

Verrier-Morel aîné ; Morel, dit Papinet ;
Jules Vobertrand, qui n'avait que 16 ans,
et M. Adolphe Chassagnieux, fils du maire,
qui avait le courage de s'exposer au danger sans connaître la navigation. Aussi,
c'est à cette considération qu'il lui a été
décerné une médaille qui doit honorer aussi
les hommes généreux avec lesquels il a
rendu de si grands services à ses compatriotes.

Jean Vachon, dit Mistron, ancien patron,
d'un âge très-avancé, fut, au péril de sa
vie, chercher la famille Féréol dans sa
ferme isolée des Brotteaux. Il y avait vingt-
quatre heures que ces pauvres gens appe-
laient à leur secours. Personne n'avait pu
encore arriver jusqu'à eux. Vachon, dont
la santé était déjà chancelante, eut encore
le courage de braver tout danger pour secourir ces infortunés.

Claude Viollet, dit Bombancé, Vincent
Dervieux et Jean Garat, dit Brombron, se
trouvaient alors à Condrieu, et y ont rendu
tous les services qui étaient en leur pou-

voir. Parmi les autres patrons et mariniers qui étaient à leur poste dans les divers bateaux à vapeur où ils étaient occupés, on a cité ceux employés dans le *Papin* 5, qui stationnait à Lyon. C'étaient François Miserin, Pierre Vachet, dit Belet, et Antoine Vincent, qui, avec leur chaloupe, et, au milieu d'un épais nuage de poussière causé par l'écroulement des maisons, bravaient tout danger pour secourir les malheureux qui étaient dans les décombres. Ils ont été assez heureux pour sauver la vie à un trop grand nombre de personnes pour en faire l'énumération. Le seul avantage qu'ils en aient retiré, c'est d'avoir été cités par les journaux.

Le bateau *la Flèche* stationnait à Serrières au moment où les maisons du village de Sablons s'écroulaient à la file. Jean Vachon, dit Mistron, digne fils de celui que nous avons déjà nommé, se distingua par des actes de courage que nous sommes heureux de rappeler ici. Il était secondé d'Etienne Lantillon, dit Limace, et de Jean Compara, bourrelier à Serrières. Jour et nuit ces trois hommes naviguaient dans le village de Sablons, s'exposant continuellement à périr, et restant des journées entières sans manger pour sauver les malheureux dont les maisons s'écroulaient, et pour leur conserver les débris de leur fortune.

Avec l'ardeur et le courage qui caractérisent nos braves mariniers, ils parvinrent à transporter à Serrières, ou à mettre en lieu de sûreté, tous les habitants de Sablons. Il ne restait plus, dans ce bourg, qu'une vieille femme, qui, à la fenêtre de sa maison, dont il n'existait qu'un pan, criait à ces hommes courageux : « N'approchez pas, mes amis, je sens ces ruines « s'ébranler ; vous allez périr dans les dé-« combres ; vous êtes trop jeunes ; vivez « pour continuer à faire du bien, secourez « nos voisins, ne vous exposez pas pour « moi, je suis à la fin de ma carrière ; « il ne me reste rien, je dois mourir. »

Pendant que cette femme tenait ce généreux langage, nos mariniers, sans en tenir compte, toujours munis d'une échelle, dont le pied reposait dans le bateau, en appliquèrent le haut contre ces ruines tremblantes ; deux des hommes retinrent le bateau et cette échelle pendant que Vachon y monta. Il redescendit chargé de la pauvre femme, qui pleurait de laisser ses brebis réfugiées dans le grenier qu'elle venait de quitter. Ces pauvres bêtes, qui semblaient aussi implorer l'humaine pitié, furent à leur tour placées dans le bateau, qui, au moment où il s'éloignait, faillit être englouti avec la maison qui achevait de s'écrouler. Dieu merci, dans le village, gens et bêtes étaient sauvés !

Le lendemain, Louis Chauma, boulanger et aubergiste de Sablons, était à Serrières, et se désolait de voir sa maison s'écrouler sans pouvoir sauver sa fortune qui, en argent et en papiers, était dans son secrétaire.

Nos braves mariniers, témoins de sa douleur, se font expliquer le lieu où est le meuble renfermant ces objets précieux. Sans en rien dire à Chauma, ils sautent dans leur bateau, et se dirigent sur Sablons. Le Rhône était tellement gros qu'il s'élevait de deux mètres au-dessus des culées du pont.

Après une dangereuse traversée, ils parviennent enfin à l'endroit désigné. Déjà une grande partie de la maison était écroulée ; celle où était le secrétaire existait encore. Vachon s'y introduit pendant que ses camarades tâchaient de maintenir le bateau. Il eut beaucoup de peine à rompre la barricade du secrétaire, qui, par mesure de sûreté, avait été entouré de sacs de farine. Notre vigoureux patron les pousse à l'écart, fracture le meuble, dont il enlève les tiroirs contenant les objets qu'on lui avait désignés ; il porte le tout au bateau. A peine y était-il rentré et avait-il donné quelques coups de rames, que la maison disparaissait entièrement.

Nos trois héros arrivent à Serrières, heureux de rapporter à Chauma la plus grande partie de sa fortune, que celui-ci offrit de partager avec eux ; mais ces hommes d'honneur ne voulurent rien accepter ; ils ne s'étaient pas exposés à un aussi grand danger pour de l'argent ; ils ne voulurent point ternir leur belle action. Jean Compara se cassa la jambe. Les autorités de son pays réclamèrent pour lui la médaille, qui lui fut délivrée.

Vachon s'est aussi beaucoup exposé pour sauver, avec le même désintéressement, la fortune de Joseph Cuminal, dit Lacabare, de Sablons.

Nous n'avons pas oublié qu'en 1843 une dame, qui allait s'embarquer dans le *Nemours*, tomba du débarcadère dans le Rhône. Le brave Vachon s'y précipite aussitôt, la retire de l'eau et la porte à l'hôtel de Provence, où elle resta quelques jours pour se remettre de cet événement. Vachon rentra dans son bateau qui allait partir. On a assuré que certains audacieux s'étaient attribué ce fait honorable et en avaient obtenu une récompense. Vachon a eu en souvenir sa belle action et le voile de la dame, qu'il a trouvé accroché à ses vêtements.

Une autre fois, ce digne patron, étant dans son bateau, à Perrache, vit tomber au Rhône un jeune homme de 11 ans, fils de M. de Guibert. Aussitôt ce brave homme se jette à l'eau et se saisit de l'enfant ; mais le courant du Rhône l'entraîna et le fit passer sous deux moulins. Le ciel le protégea : il arriva encore cette fois sans accident au milieu de la foule épouvantée et ravie de sa belle action. Il pense souvent avec plaisir que ce petit Charles, à qui il a conservé la vie, est aujourd'hui un très-beau militaire.

Dans le bateau *la Comète*, à Aramon, Bernard Guy, Etienne Guy, son frère, Jacques Rousset et Henri Berthol aîné ont sauvé aussi beaucoup de monde.

On a cité, entre autres, quatorze personnes venant de la Brègue dans un bateau qui chavira. Ces hommes courageux s'élancèrent au secours des naufragés, et s'exposèrent à de grands dangers ; mais ils eurent en récompense le bonheur de sauver douze passagers.

L'Aigle 5 et le *Jupiter* se trouvaient à

Beaucaire. Le premier avait pour patron Louis Viallet, dit Cotzio, et le second Jacques Guy. Ces deux patrons savaient si bien manœuvrer leurs bateaux, qu'ils rendirent d'importants services. S'étant dirigés vers le mas de Sougent, grosse ferme à une lieue et demie de Beaucaire, pendant deux jours et deux nuits ils voguèrent avec des chaloupes pour sauver les inondés. Dans la campagne, pour se faire entendre, ils tiraient par intervalle des coups de fusil. On est enfin parvenu à réunir tous ces malheureux dans les bateaux à vapeur ; ils étaient au nombre de 180. Personne ne périt, mais les patrons coururent de grands risques. Le maire de Beaucaire a obtenu pour eux, ainsi que pour les capitaines, des médailles d'argent.

Si nous avons cité les noms des hommes courageux qui ont bravé la pluie, les orages et le Rhône en fureur, nous devons aussi parmi eux placer le brave Berthillot, facteur, qui n'a jamais interrompu le service des dépêches, quoique les routes fussent interceptées par les eaux. Comme il ne pouvait avoir avec lui un bateau, il prenait un cheval qui, souvent, en certains endroits, était obligé de nager, et Berthillot se tenait sur son dos comme il pouvait, et ce n'était pas sans courir souvent de grands dangers. On faisait à cet homme de grandes promesses, et il n'a gagné, par son dévouement, que des douleurs de rhumatisme, qui, pendant longtemps, l'ont fait souffrir. Telle était la reconnaissance du gouvernement qui existait à cette époque.

Nous aurions encore à signaler beaucoup de traits de courage, mais les noms de leurs auteurs nous sont restés inconnus. Dans beaucoup de pays les Condrillots ont rendu des services. Si nous pouvions tous les nommer, nous aurions à citer presque tous les hommes de Condrieu. Que l'on se souvienne donc qu'ils sont tous aussi bons que généreux, et qu'ils sont capables des actes les plus héroïques.

CHAPITRE XXI.

LA RÉPUBLIQUE DE 1848.

Un événement bien rapproché de nous,
et sur lequel, par cette raison, nous dirons
peu de choses, c'est la révolution du 24
février 1848, qui, en nous amenant une
seconde république, causa aux uns du plaisir
et aux autres de l'effroi. Condrieu ne fut
pas exempt de certaines manifestations; les
animosités particulières stimulèrent les opinions politiques; mais ce qui a prouvé que
l'esprit du pays n'est point mauvais, c'est
le parfait accord qui a régné dans le banquet
patriotique de cent cinquante couverts qui
a été donné sur la place du Marché, où
chaque convive apportait un plat de sa
façon. Ce fut un agneau, rôti dans son
entier et fixé sur ses quatre pieds, qui fut
nommé président des autres mets, au nom-

bre desquels on avait admis les pommes de terre rondes et les fromages blancs de l'honnête laboureur.

Le repas se passa dans un ordre convenable ; chacun officia de son mieux, et cette bande joyeuse fit ensuite une promenade dans la ville et les faubourgs. On remarqua dans cette mêlée fraternelle un marchand de moulins à vent, qui n'oubliait point d'offrir cette marchandise emblématique aux hommes de notre siècle. Il y en eût même qui se rendirent justice en décorant leurs chapeaux de ce gracieux jouet, qui, plus tard, a pu leur servir de sujet de méditation, s'ils ont eu soin de le conserver.

La république existe depuis trois ans. La bonne harmonie règne dans nos contrées, mais les habitants crient et se tourmentent ; ils sont comme les Israélites au désert. Que n'existe-il encore un Moïse à qui le Seigneur dicte des lois pour le bonheur de son peuple ! Un Aaron, dont la verge miraculeuse soumette l'orgueilleux et le superbe, et qui fasse rendre justice aux modestes et laborieux pères de famille qui, comme les enfants d'Israël, n'ont point la ressource des cailles, ni de la manne céleste. Notre pays est, sans contredit, le coin de la France où se fait le plus tôt sentir la misère, à cause de sa population toute ouvrière qui, au manque d'ouvrage, endure mille privations. Quand nous ne sommes pas heureux, les villes qui nous avoisinent ne sont pas prospères, et notre malheur s'accroît par l'interruption qu'éprouve la vente de nos denrées.

Rive-de-Gier compte de très-belles fortunes, il compte aussi beaucoup d'infortunés. Ces malheureux, qui se calcinent près d'un horrible feu, image de l'enfer qu'ils endurent en ce monde, et ceux qui, privés du soleil, arrachent péniblement les entrailles de la terre, n'ont-ils pas, comme nos mariniers, le droit de trouver trop restreint le salaire d'un travail, où sans cesse leur vie court de si grands dangers.

Certaine classe qualifie de gourmands ces hommes dont la profession est si utile à la société. Ce reproche est injuste, il faut à ces hommes, pour réparer leurs forces épuisées par un rude labeur, une nourriture substantielle, un régime fortifiant.

Celui qui possède une fortune, trop souvent ramassée avec artifice sur un peuple malheureux, ne devrait pas s'arroger encore le droit de lui marchander son bien-être. Où existe donc la liberté et la charité chrétienne? L'égoïsme règne en souverain : le poids de son empire écrase notre pauvre patrie.

Les fortunes s'entassent, et ceux qui les possèdent sont un étouffoir pour le commerce. Si, au lieu de tant amasser, ils faisaient gagner aux ouvriers ce qu'ils méritent, cette classe, aussi généreuse qu'active, aimerait la dépense, et, par nos facilités de communications, nous verrions refleurir nos campagnes; nos artisans et nos commerçants seraient plus heureux ; les grandes compagnies auraient moins de bénéfices, mais elles auraient plus de sympathies.

Le cultivateur, père du genre humain,

qui arrose la terre de ses sueurs, pourrait voir prospérer sa famille, et n'expatrierait pas ses enfants pour leur procurer une existence. L'absence de ceux-ci le force à négliger ses terres, dont le rapport le fait difficilement vivre, et lui permet à peine de payer un impôt écrasant, qui l'oblige souvent à contracter des dettes qui entraînent sa ruine. Aussi le ciel semble crier vengeance pour les calamités appesanties sur notre sol fertile.

Autrefois, de grands personnages buvaient avec délices les vins exquis de nos contrées. On parlait avec une sorte de vénération du parfumé Côte-Rôtie d'Ampuis, de l'excellent vin blanc de Condrieu.

Mais depuis que tout est artifice dans la vie, on a donné la préférence à certaines boissons fabriquées. L'homme qui respecte son palais devrait rougir de l'en humecter sans dégoût. Il semble que la race française est abâtardie depuis que l'usage de nos vins est moins répandu. Si, par un sincère retour, on voulait encore leur rendre hommage, on verrait chez les hommes une nouvelle et merveilleuse énergie.

Le commerce et l'industrie renaîtraient; les joyeux dîners appaiseraient les discordes entre parents ou amis, et on s'occuperait moins de politique, si ceux qui en tiennent les rênes savaient faire apprécier nos productions. Nous pourrions, alors, comme le désirait Henri IV, voir chez le laboureur la poule au pot tous les dimanches, et nous n'entendrions point cette espèce de plainte naïve de la paysanne qui, sur sa croyance, assure de bonne qualité ses dindons ou poulets, attestant que, de sa vie, elle n'en a goûté. Les femmes, dont les organes délicats comprennent plus facilement des reproches qui s'adressent à la nation entière, ne peuvent, hélas! rien faire pour y remédier. Elles se contentent de prier le ciel de rendre à la France, et surtout à Condrieu, confiance et bonheur.

CHAPITRE XXII.

Condrieu est remarquable par le nombre de personnages distingués auxquels il donna naissance.

Bertrand de la Chapelle, qui occupa si dignement le siége archiépiscopal de Vienne depuis 1328 jusqu'en 1355, était natif de Condrieu. Il venait souvent chez le chevalier Hugues de la Chapelle, son frère, qui y habitait, et qui était riche et puissant. Arthaud de la Chapelle, son fils, était seigneur de Vaudragon, et Briançonne, sa sœur, abbesse de Saint-André à Vienne.

La famille de Lambert, l'une des plus anciennes de Condrieu, succéda à celle d'Arces. Jean d'Arces était cardinal en 1433. Claude d'Arces, fils de Bon et de Louise Lambert, fut d'abord cellérier de l'île Barbe, ensuite abbé de Boscodon, et enfin élu archevêque d'Embrun.

Les Chapuis ont habité durant plusieurs siècles la ville de Condrieu. La fortune qu'ils y possédaient et leurs services les avaient investis d'une haute considération.

Jean Chapuis était, en 1524, *précenteur* de l'église de Romans, et curé de Condrieu.

La famille de Villars a fourni d'illustres prélats et des magistrats d'un grand savoir, tous nés à Condrieu.

Nous citerons Pierre IV et Henri de Villars, archevêque de Vienne. Claude de Villars, baron de Macias et chevalier de l'ordre du roi; Nicolas de Villars, évêque d'Agen; Pierre de Villars, lieutenant des armées du roi d'Espagne et de Danemarck.

Claude de Gelas, neveu de Nicolas de Villars, et archidiacre d'Agen, devint évêque de cette même ville, en succédant à son oncle Nicolas de Villars.

La famille de Lambert et celle de Villars habitaient Lyon au XIe siècle. Cette époque était celle où, dans les grandes villes, les jeunes gens, principalement les clercs, s'amusaient à jouer dans les rues et sur les places tout ce qu'il leur prenait fantaisie de mettre en scène.

Un jour, Jean de Villars, l'un des conseillers du parlement, arriva tout furieux dans la chapelle de Saint-Jacques, au milieu de ses collègues assemblés. Il exposa : « que,
« combien lui, ses frères et sœurs, et autres
« personnes fussent natifs de cette ville de
« Lyon, et que en icelle ville, eux et leurs
« prédécesseurs eussent toujours vécu hon-
« nestement et louablement, sans tache, ou
« mérité le blâme, néanmoins, dimanche
« dernier, comme les conseillers avaient
« bien su, les clercs de la basoche avaient
« fait et joué farces en plein de rue, en
« quelles farces ils avaient grandement mo-
« qué et blasmé les femmes de ladite ville,
« mesmement Sibile, sa sœur, femme de
« Michel Lambert. Oui, ajouta-t-il, ils ont
« nommé icelle Sibile par son nom et par
« plusieurs fois, en la diffamant, en di-

« sant paroles outrageantes non véritables.
« En icelle Sibile, tous les parents et amis
« ont été injuriés grandement. Ainsi donc,
« je requière des conseillers, mes compa-
« gnons, aide et confort; je fournirai aux
« frais de tout ce qui sera nécessaire. »

Sur quoi, les conseillers délibérèrent avec Girard de Varey, Pierre Thomassin et autres. Ils conclurent : « que, vu l'outrage
« qui a été grand et de conséquence, mes-
« mement que lesdits clercs de la Chan-
« cellerie se sont vantés de faire autres
« jeux, et en iceux de dire encore pire,
« sur la requeste dudit Villars, on lui don-
« nera tout aide, faveur et confort à ses
« dépens; on s'adressera en même temps
« au roi, de bouche et par écrit, afin d'avoir
« la mélieure provision en réparation au-
« tant que faire se pourra. »

Ces deux familles, entre lesquelles il existait plusieurs alliances, furent tellement peinées de l'outrage fait à Sibile de Villars, qu'elles vinrent s'établir à Condrieu. Guichard de Saint-Simphorien, prévôt de Fourvières, leur parent ou allié, leur fit la cession d'un domaine considérable qu'il possédait dans ce mandement.

La famille de Lambert avait un très-joli château entre le château de Villars et le châtelet de Vernon, qui furent détruits dans une bataille où les protestants furent vainqueurs le 28 mai 1567. L'habitation des Villars est restée longtemps en ruines; elle n'a été reconstruite que sous le règne d'Henri IV. Le châtelet fut aussi entièrement détruit. Quant au château de Lambert, il n'en est resté aucun vestige; l'emplacement seul a conservé le nom de *Lamberte*.

Pour ce qui est des Villars, dont le domaine était situé à quelque distance de Condrieu, ils étaient de la même famille que les autres, par une alliance que fit Judith de Villars, épouse de Pierre de Montfort, pour lequel Philippe-Auguste créa ce fief; il fut, dès lors, comte de Villars. Il était fils de ce Montfort qui fut décoré du titre de saint.

Il a été aussi parlé de Nicolas Berthieu,

fils d'un patron de cette ville, lequel s'éleva, par son mérite et sa valeur, à la place importante de capitaine des ponts et bateaux de l'armée de France. Il vint finir ses jours dans la maison paternelle en 1584.

Jean Marquis, médecin, né aussi à Condrieu, se distingua par son rare savoir. Il fut lié avec tous les beaux esprits de son siècle, et devint principal du collége du cardinal Bertrand, à Paris, l'an 1585; il se retira ensuite à Lyon, où il exerça la médecine avec le plus grand succès. Pierre de Villars, archevêque de Vienne, son compatriote et son ami, le détermina à se fixer auprès de lui comme son médecin; Jérôme de Villars lui continua la même confiance. Il mourut à Vienne, l'an 1625, âgé de 72 ans. Son tombeau était dans l'église de Saint-Pierre. Chorier en rapporte l'épitaphe dans son *Histoire de Vienne*. On doit à cet homme savant un recueil de vers grecs, latins et français, faits sur la mort de Jean Morel, gouverneur de Henri d'Angoulême, grand prieur de

France, et la chronologie de Genebrand.

Gabriel Blanchard, père du célèbre peintre Jacques Blanchard, était natif de Condrieu.

Jean Pélisson, contemporain de Marquis, jouit aussi d'une grande renommée. Sa vaste érudition et une vertu austère le firent rechercher par les personnages les plus distingués. Le cardinal de Tournon lui confia la place de principal du magnifique collége qu'il venait de faire élever à Tournon; mais le protestantisme faisant des progrès, le cardinal mit les Jésuites à la tête de cet établissement en 1562.

Pélisson n'en conserva pas moins l'affection du prélat, qui, dans diverses circonstances, se plut à lui en donner des preuves. Sa mort, arrivée en 1562, fut un coup de foudre pour notre savant. Sa reconnaissance le porta à prononcer son oraison funèbre. Pélisson avait quelques propriétés, mais sa plus grande fortune était sa haute vertu et ses rares talents. Il mourut dans le célibat en 1613.

Le père Jérôme, de Condrieu, capucin gardien du couvent de Valence, fut considéré comme saint, ayant été martyrisé par les calvinistes durant les troubles de notre religion.

Louis Grubis, docteur-médecin, se distingua dans son art, qu'il a longtemps exercé à Vienne. Il est mort en 1660.

Si nous avons cité des noms illustres et des hommes de mérite des siècles passés, il est plus naturel encore de ne pas oublier ceux du siècle présent, dont tout Condrieu sera flatté de conserver un bon souvenir.

Nous nommerons donc M. Targe, qui, de marinier, devint soldat par obligation patriotique, et arriva, par son courage et sa valeur, au grade de colonel, et fut nommé baron de l'Empire. Il mourut à Condrieu, le 1ᵉʳ juin 1827, âgé de 68 ans.

M. Michel Guéraud, qui, pendant cinquante-deux ans, n'a cessé d'occuper des places d'honneur sous tous les gouvernements. On a rendu justice à la modération de ses opinions. L'écharpe blanche et la tricolore ont, à tour de rôle, décoré ce magistrat, qui, toujours bon et paternel, consentait à accepter les dignités dans le seul but de trouver des occasions d'être utile à ses concitoyens. Par ses bons conseils, son caractère juste et conciliant, il évita souvent des procès qui auraient entraîné la ruine ou le déshonneur de familles estimables. Aussi, parle-t-on de M. Guéraud avec un souvenir de respectueuse reconnaissance. Il mourut à Condrieu le 4 mai 1839, à l'âge de 79 ans.

Un jeune homme, d'une famille distinguée de Condrieu, officier plein d'avenir, M. Prosper Jury, élève de l'école de St-Cyr, est mort glorieusement sur les champs de bataille de l'Afrique, en s'élançant avec intrépidité au secours de ses soldats, décimés par le feu meurtrier des Arabes.

Après avoir orgueilleusement mis sous les yeux de nos lecteurs les noms des hommes remarquables dont notre ville s'honore, nous fermerons cette glorieuse série par le nom de notre plus illustre compatriote, littérateur

élégant, romancier original, critique plein
de verve, d'esprit et de raison, de Jules
Janin, en un mot, une des gloires, un
des plus grands écrivains de notre siècle.
Heureux pays que celui où l'on sait apprécier et se souvenir, mais où le langage
français, peu usité, n'offre pas toujours
des termes assez expressifs pour rendre ses
sentiments, ce qui oblige à se servir du
langage vulgaire, familier. Persuadé que,
comme Henri IV, notre auteur se souvient
encore du jargon dans lequel il fut bercé,
moi, son compatriote, en vieux paysan
j'ose lui adresser cette épitre en patois :

Oh! que j'arïn vollu savé ïn biô langageu
Par llï faire agreyï quelué parmé ouvrageu ;
Mais quand je pinceu hélos! qu'ai l'a ïn grand esprit,
Que llia fargni de zôle par allô à Parit.
Comma porïn-je don faire ïna dédzicasse,
Mï que ne poué hapiô se jouillié préfasse,
Alô n'ai gïn mettô ïn têtâ de cou llivreu ;
Mo-n-esprit é jallô ou bin cuvert de givreu ,
Mais si ïn têtâ ai manque, à fond ai manque pô ,
I quï le gin celèbreu s'y trovon t-arrapô.
Vai gluère je n'ïn porleu , Joguï z-y fat bonneur,
Sin comptô qu'où pays ai portara bonheur.

Le jour qu'ai l'a naissu que l'hommo de tôlan
Le sollaâ étzié biô et dzïn teu son lluyan ;
Sa môré étzié charmô d'avé donno le jour
A ïn brave pitzï que simblôve l'amour.
Lé curô, le clliargon, le cllioché d'ou villageu
Sonnevant l'ou vésïns par tous llï rendre hommageu,
Le fenné et l'ou z-efants vegniant choquon llou tour
Le crossïe ïn momant taut la not que le jour ;
Tous élzian honnorô de le vère ïn bréson ;
Son surrï annoncôvé son aimeu et sa réson.
Quand le tin ai veguï de le faire indzucô,
L'oux lycée simblevant tous se le dzisputô ;
Pu à la fin de l'an, par le recompincïe,
De tous que leu biô prix qu'ai l'ayé su gognïe.
Dzïn sa jouillâ méson à la vua de Rô,
In vacance ai vegnïe avisô l'ou batziô.
Dzin son jardzïn fleri ai s'amusôve à llire
De llivreu à grands folliats fat esprès par l'instruire ;
Quand ai l'ayé preu llï par faire dzivarsion,
Ai pregnié ïn papïe et ïn bot de crayon,
Et sin se marcoro ai trovôve de rimés
Qu'ariant à ïn cumoclle arrachié de z-agrimés.
Ai l'ayé fat de vers bien biô et bien virïé,
Qu'intre doux pot cassô ai l'ayé redressïé,
Et qu'y l'ayant murô sot qu'ou grand échalaâ
Qué dzïn quelué canton in face dzïn figaâ.
Son amitousitô et sou biô sientzimins
L'ayant fat preferô d'ou zautreu juène gins.
Quand sa môré fit mortâ ai se fit pintzurô

I-nâ tapissari par llï la rappelô.
Quelué trait filial llia fat de partzisant.
I l'an dzï : ai l'é bon autant qu'ai lé savant ;
Et quand in France i fimon qu'ou grand revirimin
Qui couévimon le raâ par faire ïn changimin ,
Le gins de pariqui ïn veyant le z-aillure,
Se crésimon côsi qui poriant faire ellure
In monorque a llour chuè que sourï faire mïyeu,
Et Jules étzié nommô par remplacié le viyeu.
A son illustre nom quelué qui de Cezor ,
Ll'avegnïe d'applomb comme ïn grand coup d'azor ;
Si vore ai n'é pô raâ ou n'é pô noutra fauta ,
Ai neu plait com ïquïen mieu que dzï n'autra sorta.

CHAPITRE XXIII.

Son territoire est fertile en blé, en excellent vin blanc, chanvre, légumes et fruits de toute espèce. On y fabrique des étoffes de soie, des toiles et des filoselles, de la chapellerie et des tonneaux. L'industrie principale des hommes est la navigation sur le fleuve du Rhône ; l'occupation des femmes est de broder des tulles ; elles s'acquittent de ce travail avec un talent qui leur est particulier. Elles ont généralement la réputation d'être laborieuses et d'avoir de bonnes mœurs. Le penchant naturel qu'elles ont pour la danse tient autant de la gaîté de leur caractère que de l'élégance et de la souplesse de leur taille.

La première personne à qui on a eu l'obligation d'établir, sur un grand pied, la broderie des tulles, est Madame Thomassin.

M. Donien, représenté par M. Crozet, a ouvert, depuis trois ans, des magasins à Condrieu pour la distribution de ces ouvrages ; et Madame Bugnon, qui, depuis vingt-cinq ans, exerce cette profession, occupe à elle seule cinq à six cents ouvrières, dont elle a su acquérir l'amitié et l'estime. Les commissionnaires qui accordent leur confiance à cette dame sont assurés de la bonne et prompte exécution de leurs ouvrages.

Il y a aussi, dans cette ville, deux grandes corderies : celle de M. Plasson, qui fournit des cordages aux mines de Rive-de-Gier et de Saint-Etienne ;

Celle de M. Flachet, qui a été breveté, en 1835, pour l'alliage qu'il opère du fil de fer avec le chanvre dans la fabrication des cables.

Les teintureries de cette ville ont une réputation justement acquise. On cite celle de M. Fond pour les draps, les laines et

les soies destinées à la fabrication des étoffes.
M. Charmi, teinturier-dégraisseur, a l'art
de donner aux vieilles étoffes un lustre et
un apprêt qui leur rend leur beauté première.

M. Bourdin, propriétaire de la maison
paternelle de notre auteur Jules Janin, y
a établi un atelier de teinturerie qui occupe
de 30 à 35 ouvriers. Sa spécialité est le blanc,
le bleu et le rose, couleurs pour lesquelles
les eaux du Rhône sont très-favorables,
n'étant point, en cette localité, troublées
par aucune rivière, ni par des immon-
dices.

Les sables de Condrieu seraient parfaits
pour la fabrication du verre à bouteilles;
il est étonnant qu'on n'ait jamais eu la
pensée d'établir des verreries dans un lieu
où tout semblerait réuni pour la prospérité
de cette industrie.

La charcuterie de Condrieu est fort esti-
mée. On parle au loin des saucissons de
Rolet, de Cornillon et de Ramel, dont la réputation est aussi justement méritée que celle

des saucisses de la bonne mère Merlanchon.

Il y a aussi dans cette ville des tanneries, des filatures et moulinages à soie.

Il s'y tient dix foires par an, et des marchés considérables tous les vendredis. La viande et le pain sont de bonne qualité. Les Condrillots sont affables et obligeants. Rien, en un mot, ne semble avoir été négligé pour faire de ce pays un séjour d'agréable retraite; mais comme il convient d'être ponctuel dans tous les détails, nous sommes forcé de convenir que le seul défaut qu'on puisse reprocher aux Condrillots, c'est d'être un peu *piailleurs*. Il y avait même, dans un temps, un des faubourgs de la ville dont les habitants nous retraçaient le caractère des anciens Gaulois par l'habitude qu'ils avaient conservée de se livrer à de fréquentes querelles. Cet usage était encore plus commun chez les femmes, qui, pour régler leurs différends, recouraient à un ancien juge de paix, qui, après s'être volontairement démis de ses fonctions, fut, jusqu'à sa mort, adjoint à la mairie et chargé des affaires concernant la police municipale, et ce digne homme, quoique commerçant, s'en occupait avec un talent tout particulier. Sans procès et sans frais, il rétablissait toujours la bonne harmonie parmi ses administrés. Pour en être mieux compris il parlait leur langage, et, afin d'être plus intègre dans ses jugements, il avait toujours la patience de questionner et de bien écouter chaque partie. L'aventure que nous allons citer donnera un exemple de la méthode qu'il pratiquait.

Par une de ces belles journées de mai, où le soleil est tiède, l'air embaumé, une mère de famille, que l'on nommait Fanchonne, était tranquillement assise à la porte de sa maison, rapiéçant les vêtements de son époux en voyage, pendant que deux de ses enfants dormaient, et que Nimon, l'aîné, jouait paisiblement à ses côtés.

La voisine Marioche, qui n'avait pour logement qu'une chambre au premier étage, après l'avoir soigneusement balayée, faisait la même opération le long de l'escalier,

quand, arrivée au bas, une dispute s'engage entre les deux voisines. Fanchonne
dit à Marioche :

Que dzitze, pillorda, cotze dzï que j'ai dzï ?
Dzin tou teu parlamins, te n'ô fat que mentzï ;
Je voué charchié Picord, ou-né pô par me brure,
Mesplicô salamin, vouâ, je voué te l'adzure.
— Je me moquo de luâ et de tzï, no de chïen ;
— Te te moque de mi, grand moureu de boquïn.
Te fai l'in-nocenta quand t'ô bu ta boteillé,
Voua, te pô t'in moquô, grand Zabiô, grand sampeillé.
Vai don migïé de lat aval tous teu méno,
Vai tin don vorzic, vai tin don truandzino.
— Oh métru étapon, te me dzï grand gandzille,
Vai charchïé teu botor, vai tin quèrre ta fille
Quét à la charitô. Vai don payé tou dzu.
— Quatze à dzire de mi, érageu de pendzu,
Race de galeyou ; hé bin redzï z-ou véré ?
Te sô bin que ton hommo a robô ma sivère,
Que dzin mon tzinaillïé ïn biô de vai la not
Ai robi l'ambossou quère dzin te benot ;
— Je n'in preune à témoin, betêzi queluë quïâ.
Su teu mêmo moment te llï fot vai l'oïâ
In soflet qu'a petô que la vioille et l'oureillé
N'ant pré de varmillon dzina chousa pareillé.
Sin trop pèdre de tin la Marioche à borgnon
Soute su la Fancheupné et llï prin le tzignon,
Et pu choquion llour tour le se tzirigossôvous,

Et sin ménagimin, sovint, le s'étripôvons.
Ecorchada dzigui, écorchada dzilô,
Yona sagne d'ou daâ, l'autra sagne d'ou nô,
Et pu sin se lavô le s'invant vai la villa
Trovô Messieu l'adjuin par llour carmô la billa.
Leu z-efants sont piollords, le gins sortont defourt,
Teu le mondeu é t-in l'air, exceptô quoque sourt.
Le véqui arrivô, le zintrons in seyince,
In marchand é llou prêt à tenir odzience.
— Veyons don, llour dzï-t'ai quato tzu de noviô ?
Vo beurlô teute insion comme in plein chor de viô ;
— Ce qu'ou yé, zou véquia. J'étzin après couévïé
Davant mo zéchalaâ, l'é vegni m'amorcïe
In dzisant que j'ai dzi que son hom é gromand,
Qu'ai n'a rin étarbô, qu'ou y ét-in feneyand.
— Ne l'accotô pô rin que la grand barfollousa,
Le zuémogine teu, et pu l'é si jalousa.
— Espliquôvo sin brure, ou deviendri trop long,
Llour dzi le magistrat in brandant l'anguilon.
Quétô qu'a commincïe ? — Ou yé tzi. — Ou yé l'aâ.
Allons plan, vo parlô teutes duvés à la faâ.
Te me dzi que l'a dzi que son hommo dzisïé?
— Je n'ai dzuteu rin dzi, je n'ai fat que couévïé,
— Qu'ouétô don qu'a piquô quelué grand coup d'artaâ,
Et pu qu'a étripô qu'ou jouilli davantaâ ?
— Ou yé t'in baruélant, demando à Darviyeu
Qu'a sortzi de se z-horpe ma couëfe et mou chaviyeu.
— Vo z'êtes dué bavordés, viquia déjà tré faâ
Que vo vo dzisputô, vo zari su leu daâ,

Quéléquin ?... De vésïns, de mères de famillé.
La Marioche répond : — mais le m'a dzi gandzillé.
— Te m'o bien dzi p..., et tzi te m'ô mordzu.
— Et bin çartenamin parque m'otze battzu.
— Allons là ! Ou yé bon, n'allô pô commincïé
Que l'insolent trafit figni par m'innoyïé.
Tzi, te pioille trop faur par te crère malada.
La Marioche a ressiou sa pitzita passada,
Qu'ou seyésé figni, t'â preu su te parô ;
Prin quelué barton d'aiga et lôvate le nô,
Dépicarnatte bien par zi vère plus cllior,
Et pu secot ta saqua savé s'ou zia de llior.
Vo n'avez, j'ou sai bin, choquiona gin de taur,
Par qu'ou vo zin provése faudri coquion de maur,
Cepindant que la couëfe que je veyeu étripô
Et cou mochou de couaà qu'é teu défarbelô ;
Je vo jugeu sin frai a payé de métzïa,
Tzi, que te fai la muce, te serïô incotzia
De volé demandô in autreu jugimin.
Quand ou s'é dépessï ou se donne d'argin
Par pouère remplacïe leu z-affaires étripôs ;
Ou vaut mieux s'étarbô dzin l'an dou tré repôs
Que d'être signalô comme ïna seutzisièré,
Ina fena de rin, bataïllarda et parllièré.
Allô chez loux marchands d'ou got le plus novïô,
Si vo gui trovô rin par hasard d'assez biô,
N'avons in magasïn d'essins de teute merce,
Seye in coton, in suai, in indzena de Perse.
Véde si vo z-ômô qu'ou biô mochou à frange,

Ou se mette à la buyà : jamais ou ne change ;
Je nin voleu pô cher, ai n'é que de sié frant,
Et la Marioche ara , par leu mêmeu montant,
Que la couëfe bordô , qu'ou denté d'indzena
Que vo portari coudre à la Marié Cantzina.
Vore, par petassïe voutre dou coteron ,
Je vo faré cadô dzïn treu d'escampolon ;
Ne pardez pô de tin, deman é Pantecouté ,
Vo zariô bien tzu taur de vo rompré le couté.
Faites vo bonna groce in vo donnant le bras ,
Et ne retornô plus pindré de paré rats.
Le majistrat uvre sa porta in se pinçant :
Je ne sué pô trop sûr que le me payirant.
Le fant choquiona ina grand reverance ,
L'ant commincïe et figni la seyiance ;
Le jugeu surit et frotte se dué man
In veyant que le gins se n'allô teu plan plan.

Cette façon de concilier a évité souvent
des procès. Aujourd'hui les habitants des
faubourgs, comme ceux de la ville, ont perdu
l'habitude des querelles en suivant les conseils d'un magistrat prudent, dont ils aiment
encore à se souvenir.

CHAPITRE XXIV.

COMPLAINTZE.

LE RÈVO DZINA PAYSANNA (Air connu).

Avant à not j'ai fa in rèvo bien plaisant,
Je vésïn noutra France changïa in étaut ;
Oute vai ïn barquet, sin pena je vogôvo,
Le sollaâ étziez biô et je me soreillôvo.
Teut-in me navigant su que l'aiga tranquilla ,
Habitô de péssons par quantzilo de milla ,
Qu'etziant tous vigoret et paraissiant contins ,
In viguant in famille comma de z-autre gins ;
Lous plus viyeux ayant suin d'apprindre à llours efant
L'amour et le respet que rin si bon vicant.
Leu maître de l'étant , que demorôve ou cier ,
Etzié in grand segneur que n'etzié pas gnou fier ;
Ai noréssié se gins vai de pan de ménageu ,
D'avena à dziscretion et côque bon freumageu.
Qu'ou bien-être attzirï de çartene grand baitze
Qu'y dzisiant imphibi de tant l'etziant mô faitze ,

Le s'appropriimon l'e bien de que le gins
In lous traitant d'amis et mêmo de parins ;
Et pu à llours dépins y fimous de ripaille
Que llour fimons poussô de vintreu à si grand taille ,
Que par lous bien implure, après le mugnitious ,
Y zï faisiant intrô tous loux plus grous péssons ;
Lous autreu pregnimon ïna frayeu de chïn
In veyant l'avaloir de queleu galopïn.
Mais llour mauvais ezimpleu treuvi de zimitant ,
Ina revollution se fit dzin que l'étant ;
Et lous plus grous péssons, qu'etziant déjà rintzié ,
Mïngimon loux pitzi par se mieux ingréssié.
Mais ne viquiato pô quela grand dziscorda
Attziri de requins par faire la concorda ;
Que leu z-iqui ayant de gôrges de buyoux
Que par pouère implure ari faillu de boux ;
Ato sin se génô , com à la procession ,
Y zi faisiant intrô tous lous plus grous péssons.
Quant y l'étziant benaiseu , y cotéssiant toujours ,
A fôrce de s'implure , y crevimon ïn jour.
Tous lous péssons restants n'y plourimon de jué ,
Par n'être plus cotzi y se fimon in chuè
De lous plus ailluro de teuta llour nation ,
Que fimon respetô de chôquion la portion ;
Et ne grugimons pô que la d'ou poureu peupleu
Que se fit in plaisï de rintrô dzin sou meubleu ,
Et pu de vère incore se modeste finance
Lli parmettre de faire in pitzi pou bombance.
L'avarice crevit. Le gins étziant héreux ,

Ou ne trovove plus que le gniatto de gueux ;
J'étzin charmô dou veiré et j'arïn désirô
Ou de rêvô toujours, ou n'avé pô rêvô.

CHANSON PATRIOTIQUE.

(*Air* : Un jeune enfant le casque en main.)

1er.

Le gin que ne connaissont pô
Noutron peupleu de vès Condrïeu,
Sottamin n'in dzison de mô
Com y n'in dzirian d'ou Bon Dzieu.
Cepindant dzin quelué pâys
Le misèré sont seulagïée ;
Ou zion y donnon de zabis
Et ou zautreu de que mingïe.   bis.

2me.

De greomands y l'ant-accusô
Noutreu broveu gins de rivière ;
Y l'ant preu pena et preu mô,
Ou yé facileu de zou vèré.
L'été, ï sont toujours greilli,
Et pu ll'hiver y sont gllassïé ;
Si chougnô in treu de builli
Parque don tan llour zuinvïié.   bis.

3me.

Aviso don qu'au pour efan
Qu'a se chausse épelanchïé ;
Le véqui mousse à quatorze an ,

234

-Sin llétarbô lou coup de pïé,
Quand aï possara grand g°rçon,
Se pené seront pô figuïé;
Faudra faire le preuvision
Et savé économisié.   bis.

4me.

Quand ïn patron a cinquante an
L'ou z-autreu dzion qu'aï lé tro viyeu;
Y ll'imputon de z-acidan,
Prenont sa ploce et fant pô miyeu.
L'honnête hommo qué rebutô,
Se trové in plain décoragïe;
Amis, llï reprochô don pô
Lous bons morciô qu'aïl a mingïe.   bis.

5me.

Vore dzison in pitzi mot
De teute que le juène fillé
Que travaillont tan jour que not
Par intartegni la famillé.
Y dziont que l'ant de vagnitô,
Quand le son in pou bien raugïe;
Quelué défaut llour zé prétô
De le gin trop farbaillisïe.   bis.

6mo.

Prenons le zieux de la réson
Et veyons que le poure hoillié,
Que braudont pô de la méson,
Vaï llour papiés à tant grands foillié.

Ainsi llour reprochô pô tan
De se donnô la joïssance
Dzin pitzi floquet de riban,
Qu'après le pan sert de pidance.　　bis.

TESTAMIN DE LA CATZIN BATZILLON,

Veuva de Piôrre l'Agotzio.

(*Air :* Bonjour, mon ami Vincent.)

1er.

J'ai fa bien me reflession,
Par pô manquô de justzice :
Vu z-efan à la méson,
Incore ïn autreu in norice.

Tra la dera la la la, la la la la

2me.

Je deuneu à ma Joneton,
Que né pô fena gni fille,
Ma couèfe vès mon tzignon
Paquetô dzina guignillé.

Tra la dera la la la, la la la la.

3me.

Je deuneu à Matzeu Reuber
In orcbe, ïn pau de ménageu,
In flosque, ïn miron ner,
In soucisson, ïn freumageu.

Tra la dera, etc.

4me.

Vore par la Parneton
Qu'ôme à tant se ficelô,
Le prindra mon coteron
De filosel étripô.

Tra la dera , etc.

5me.

A noutron pitzï Jannot,
Je lli doneu in jué de billé ,
In ambossou , in benot,
Pucin ma vieille biquillé.

Tra la dera la la , etc.

6me.

Vore par noutra Sizon ,
Je llï laisseu ma mantzillé;
Mon cové et mon manchon ,
Pu le pané d'équivillé.

Tra la dera , etc.

7me.

J'ai incore doux bartons
Que serant par la Janetté;
Tré forchettes sin forchons ,
Et in paqué d'aillumetté.

Tra la dera , etc.

8me.

Je n'oubleuyeu pô Jôcot ,

Ai l'ara la vieille casse,
De chausse de camelot
Que sont dzin ïna besace.

Tra la dera , etc.

9me.

Vore par lou z-autreu dous
Je faré de sacrificieu ;
I l'arant mou quatreu sous ,
La sarraille et sou trés vicieu.

Tra la dera , etc.

FIN.

TABLE.

AVIS
AUX SOUSCRIPTEURS.

Cet ouvrage, qui n'était pas destiné à l'impression, n'a été publié qu'à la sollicitation de diverses personnes capables de l'apprécier, et qui ont pensé qu'il serait favorablement accueilli de tous ceux qui voient avec plaisir notre histoire nationale s'enrichir de précieux documents, et, surtout, des habitants de Condrieu, auxquels il offrira un intérêt tout particulier en même temps qu'un sujet d'études instructives sur les annales de leur pays et les actions de leurs ancêtres.

Cet ouvrage sera publié par livraisons. Il en paraîtra deux par mois.

PRIX DE LA LIVRAISON : ~~30 CENTIMES.~~

ON SOUSCRIT :

A VIENNE :   Chez tous les libraires, et chez MM. TIMON frères, imprimeurs, rue des Capucins, numéro 3.

A CONDRIEU :   Chez M. POUZET, marchand.

A LYON :   Chez MM. BALLAY aîné et Marius CONCHON, libraires, galerie du Grand-Théâtre (côté de la rue Lafont).